MECKLENBURG VORPOMMERN

MECKLENBURG VORPOMMERN

NATUR, KULTUR & LEBENSART

DUMONT

140

MUTIGER PIONIER: Otto Lilienthal, dem ersten erfolgreichen Flieger, ist in Anklam ein eigenes Museum gewidmet

80

FRISCHE BRISE: Auf der Westmole, einem Wahrzeichen von Warnemünde, kann man sich Ostseeluft um die Nase wehen lassen

6–19

»WASSERREICH« DES NORDENS
Mecklenburg-Vorpommerns Natur ist faszinierend: große und kleine Seen, Strand, Sonne und Meer an der Küste und gezähmte Natur in den alten Parks und Gärten.

20–37

MECKLENBURGS WESTEN
Schwerin und Ludwigslust, zwei Residenzstädte mit prächtigen Schlossbauten, zeigen Mecklenburg von seiner pompösen Seite. Auf der Suche nach stillen Winkeln wird man unter anderem am Schaalsee fündig.

38–57

DAS SEENLAND
Schmale Flüsse und Kanäle verbinden die vielen Seen rund um die Müritz. Als Wasserwanderrevier ist das Herz von Mecklenburg nahezu unübertroffen.

DUMONT EXTRA PARKS IN MECKLENBURG-VORPOMMERN – GARTENKUNST
Mecklenburg-Vorpommern ist das Land der Parks und Gärten.

58–79

MECKLENBURGISCHE SCHWEIZ
Warum der Landstrich nördlich der Seenplatte diesen Namen trägt, weiß man beim Anblick der sanft gewellten Hügel sofort ...

25

FEUDALER PRUNK: Im Klützer Winkel liegt die größte barocke Schlossanlage Mecklenburg-Vorpommerns, seit einigen Jahren ist sie wieder im Besitz des Landes

104

GEBRANNTE GRÖSSE: Stralsunds Marienkirche gilt als Paradebeispiel für die Bauweise der Backsteingotik im Ostseeraum

84

EIN STILVOLLES VERGNÜGEN – Logieren in Heiligendamm, der weißen Stadt am Meer

80–95

ROSTOCK UND UMGEBUNG

Hanse Sail und Hafenatmosphäre, Backsteingotik und Studentenkneipen – Rostock ist alt und jung zugleich.

96–125

VON FISCHLAND BIS RÜGEN

Kreidefelsen und Sandstrände, stille Boddengewässer und sturmgepeitschtes Meer – Mecklenburgs Küste hat viele Gesichter.

DUMONT EXTRA KRANICHWANDERUNG – LAND DER GLÜCKSVÖGEL

Jeden Herbst pilgern mehr als 60 000 Kraniche nach Mecklenburg-Vorpommern zum größten Kranichrastplatz Mitteleuropas.

126–143

VON USEDOM BIS UCKERMARK

Usedom, die »Badewanne Berlins«, besticht vor allem durch herrliche Strände und nostalgische Badeorte.

144–157

MECKLENBURG-VORPOMMERN AUF EINEN BLICK

Die wichtigsten Sehenswürdigkeiten und schönsten Orte Mecklenburg-Vorpommerns zum Nachschlagen.

158–160

ANHANG

Register
Abbildungsnachweis
Impressum

»WASSERREICH« DES NORDENS

Spiegelglatt liegt der See, kein Windhauch kräuselt die Oberfläche. Tautropfen glitzern. Plötzlich ein Rascheln im Schilf. Drei Flügelschläge über dem Wasser, dann erhebt sich ein Graureiher in die Luft, um kurz darauf mit der aufgehenden Sonne zu verschmelzen. Mecklenburg-Vorpommern ist das Revier von Storch, Fischadler und Kranich. Ein »Wasserreich« mit Stränden und Meeresbuchten, kleinen Kanälen, naturbelassenen Flussläufen und mehr als 1000 Seen. Vornehm lässt es sich entdecken an Bord eines Windjammers, rasant beim Segeln und Surfen oder beschaulich auf einem Hausboot und beim Paddeln.

Aber auch die gezähmte Natur hat ihre Reize, zum Beispiel in den Parks und Gärten nach Entwürfen berühmter Gartenkünstler und Landschaftsarchitekten wie Peter Joseph Lenné. Nach der Wende aus dem Dornröschenschlaf erwacht, erstrahlen darin zahlreiche Schlösser und Residenzen in neuem Glanz. Ebenso stolz zeigen sich die historischen Zentren von Hansestädten wie Wismar, Rostock oder Stralsund. Trutzige Kirchtürme leuchten in Backsteinrot über den Giebeln von reich verzierten Kaufmannshäusern. Nicht weniger üppig setzt sich die Architektur der Ostseebäder mit ihren hölzernen Veranden, mit Häubchen, Erkern und Friesen in Szene. Zu einsamen Buchten und Seen ist es von hier meist nur ein Katzensprung.

DIE LETZTE EISZEIT PRÄGTE DEN NEUKLOSTERSEE, der im Nordwesten Mecklenburgs in die Waldlandschaft gebettet ist. Ein echtes Schmuckstück, das nahezu unberührt blieb: Nur an wenigen Stellen gelangt man durch das Schilf an sein Ufer.

EISCAFÉ

ZIMMER MIT AUSSICHT

Türmchen und Erker, Veranden, Balkone und hölzerner Dekor: In den Seebädern der Ostseeküste säumen Villen im Stil der Bäderarchitektur die Promenaden. Die meisten wurden nach der Wende saniert und in gediegene Hotels oder Pensionen verwandelt.

GRÜNE TUNNEL

Schattige Alleen aus jahrhundertealten Bäumen sind charakteristisch für die Ostseeregion. Nicht ohne Grund beginnt auf Rügen die Deutsche Alleenstraße, die durch acht Bundesländer bis an den Bodensee führt.

STADT DER VIER TORE

Heben sie die zur Faust geballten Hände zum Gruß oder flehen sie um Schutz? Niemand weiß, was die acht Terrakottafiguren bedeuten, die in den Giebelnischen des Neuen Tors stehen – einem von vier Tortürmen der großen Stadtmauer, die Neubrandenburg fast vollständig umschließt.

DIE BERÜHMTESTE KREIDE

Ein kreisender Seeadler, das Rauschen des Meeres, ein Duft nach Moos und Algen zugleich – jeder Spaziergang auf dem Hochuferweg über der Kreideküste im Jasmund-Nationalpark wird zum Fest für die Sinne.

ARCHITEKTURPERLE

Der Bauingenieur Ulrich Müther entwarf 1968 eine ungewöhnliche Rettungsstation für den Strand von Binz auf Rügen. Lange vernachlässigt, lockt die Schalenkonstruktion heute viele Architekturfans an.

WEISS-BLAUES KLEINOD

Hiddensees Inselkirche blieb als letztes Bauwerk des einstigen Zisterzienserklosters erhalten. Kaum ein Besucher versäumt es, einen Blick auf die Rosenbemalung der Decke und den schwebenden Taufengel zu werfen.

MECKLENBURGS WESTEN

Für die Politiker sei das Schloss eigentlich viel zu schön, spotten manche Bürger über den Sitz des mecklenburg-vorpommerschen Landtags in Schwerin. Aber die Abgeordneten teilen sich das pittoreske Märchenschloss ja mit ihrem Wahlvolk, das – anders als zu Regierungszeiten des Großherzogs – als Publikum Zugang hat. Und auch die Touristen beeindruckt das bauliche Erbe vergangener Epochen – nicht nur in ehemaligen fürstlichen Residenzen wie Schwerin und Ludwigslust, sondern auch in einer so stolzen Hansestadt wie Wismar.

NEUSCHWANSTEIN DES NORDENS: Märchenhaft erhebt sich Schloss Schwerin, in dessen Fassade sich kühn verschiedene Baustile mischen, auf einer kleinen Insel im 20 Kilometer langen Schweriner See.

GOTISCHE PRACHT: Als Handelsgebäude um 1380 errichtet, beherbergt das älteste Bürgerhaus Wismars heute das Gasthaus Alter Schwede – edle Happen in historischen Hallen.

NEUER GLANZ IN ALTEN RESIDENZEN

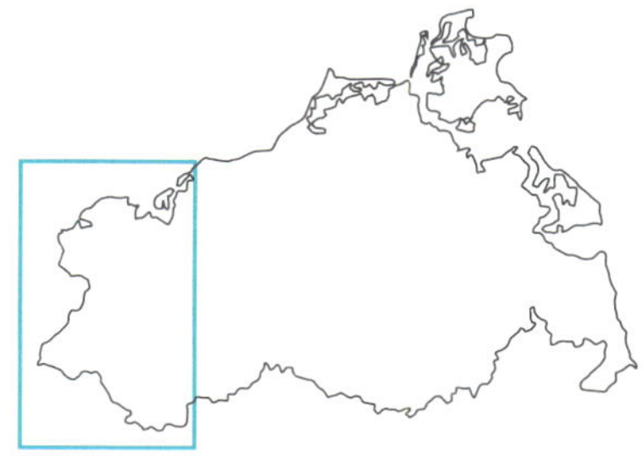

Die Geschichte Schwerins begann im Jahr 1160, als der siegreiche Sachsenherzog Heinrich der Löwe den Grundstein legte. 2010 feierte die heutige Landeshauptstadt von Mecklenburg-Vorpommern ihren 850. Geburtstag. Pünktlich zu diesem Jubiläum zeigte sich das Schweriner Schloss nach mehr als 20 Jahren wieder ohne Baugerüste.
Auch schon im Vorjahr blühte Schwerin auf. Im wahrsten Sinne des Wortes: Zur Bundesgartenschau 2009 legten Landschaftsplaner sieben Gärten rund um das Schloss an, immer mit der historischen Altstadt im Blick. Wasser stellte bei der Konzeption ein bestimmendes Element dar: Alte und neue Brücken, Kanäle und befahrbare Seen wurden einbezogen. Der Burgsee wurde sogar erweitert. Von Beginn an hatte man so geplant, dass die meisten Gärten auch nach der BUGA Bestand haben. So erstrahlt der historische Schlossgarten nach seiner Restaurierung wieder in neuem Glanz. Die neu geschaffene schwimmende Wiese bleibt als innerstädtisches Erholungsgebiet und Veranstaltungsort erhalten, ebenso wie der neue Bertha-Klingberg-Platz mit seinen Wasserspielen. Auch viele Umlandprojekte der BUGA sind weiter zu besichtigen, zum Beispiel der Park von Schloss Marihn, in dem ein »Garten der Genüsse« mit Gemüse, Obst, Kräutern und duftenden Blüten entstand.

WISMAR – DAS ERBE DER HANSE In der Altstadt führen fast alle Wege zum Marktplatz – kein Wunder, ist er doch mit rund 100 mal 100 Metern einer der größten Norddeutschlands. Mit sorgfältig restaurierten Baudenkmälern stellt er ein bemerkenswertes historisches Quartier dar, das es zu höheren Ehren gebracht hat: Die Wismarer Altstadt steht gemeinsam mit der von Stralsund auf der Weltkulturerbeliste der UNESCO.
Die renovierten Straßenzüge rund um den Markt warten mit spektakulären Bauwerken auf. Den besonderen Wert macht der seit dem 12./13. Jahrhundert nahezu unveränderte Grundriss der Altstadt aus. Damals be-

SCHNEIDEN, SCHLEIFEN, POLIEREN: Einst bearbeiteten Männer hier große Natursteine. Die Schleifmühle Schwerin ist die einzige noch funktionstüchtige Wassermühle zum Schneiden großer Steine in Europa.

gann unter dem Schutz der Hanse der Aufstieg Wismars zur bedeutenden Hafenstadt. Auch wenn diese Blütezeit längst Geschichte ist, das komplette mittelalterliche Straßennetz hat als stummer Zeuge überlebt.

HOFFNUNGSANKER SCHIFFBAU Ein besonderes Schmuckstück ist sie nicht, die riesige Halle, in der Seeschiffe gebaut werden. Und deshalb sind die Wismarer auf »ihre« Werft genauso stolz wie auf ihre Altstadt. Denn sie zählt zu den modernsten Schiffbaubetrieben Europas und bildet das wirtschaftliche Rückgrat der Stadt. Mitten in der Finanzkrise ging die MTW-Werft an einen russischen Investor über, ihre Zukunft bleibt noch ungewiss. Der Hafen, der zu DDR-Zeiten den Pulsschlag der Wirtschaft bestimmte, verlor nach der Wende an Bedeutung.

STRANDPERLEN Vor knapp 200 Jahren ließ Graf von Bothmer den ersten Badekarren an den Strand von Boltenhagen ziehen. Diese mobilen Umkleidekabinen – eine steht heute im Hof des Heimatmuseums Rerik – prägten im 19. Jahrhundert das Strandbild der in Mode kommenden Seebäder.
Auch Boltenhagen expandierte rasch zu einer beliebten »Sommerfrische«. Der Dichter Fritz Reuter fühlte sich hier wohl »wie die Fliege in der Buttermilch«. Boltenhagen ist das westlichste in der Seebäderkette, die sich bis zur polnischen Grenze hinzieht. Es ist ein eher ruhiges Familienbad, ähnlich

wie die Badeorte auf der Insel Poel und das Strandbad Rerik. Dazwischen erstreckt sich die Halbinsel Wustrow. Dort soll ein Luxusrefugium mit Jachthafen, Reiterhof und Golfplatz entstehen – aber bis jetzt schlummern die Pläne noch in der Schublade. Der Natur ist es recht, denn noch ist Wustrow ein idyllisches Landschaftsschutzgebiet, das nur vom Boot aus betrachtet werden darf.

DORFREPUBLIK RÜTERBERG Das einzige »Hochhaus« weit und breit macht einen freundlichen Eindruck. Wein rankt sich an der Fassade des dreistöckigen Wohnturms empor, aber die schmalen Öffnungen im Mauerwerk zeugen noch von seiner einstigen Funktion: Schießscharten, hinter denen DDR-Grenzsoldaten über die »Staatsgrenze West« an der Elbe bei Dömitz wachten – und über Rüterberg, dessen rund 140 Einwohner auf geradezu skurrile Weise schikaniert wurden. Denn sie lebten eingesperrt zwischen dem Metallgitterzaun am Elbdeich und einem zweiten Zaun, der das Dorf vom Hinterland abtrennte. Und ohne amtlichen Passierschein kam man weder rein noch raus. Am 8. November 1989, am Tag vor dem Mauerfall, schlossen sich die Rüterberger den DDR-weiten Protesten an und proklamierten ihre »Dorfrepublik«. Zwei Tage später zogen die Grenzsoldaten ab. Die Grenzanlagen sind bis auf einige Reste längst verschwunden: Ein kleines Grenzmuseum veranschaulicht, »wie eingepfercht wir hier gelebt haben«.

EIN VERSCHLAFENER KLEINER LANDSITZ, könnte man bei diesem Blick auf Schloss Bothmer denken – tatsächlich handelt es sich um die größte barocke Schlossanlage Mecklenburg-Vorpommerns, ein Ensemble aus 13 Gebäuden und einem Park.

IM REICH VON EISVOGEL UND FISCHOTTER

ES BLIEB NATUR PUR So sehr die Menschen unter der ehemaligen DDR-Grenze gelitten haben, die Natur hat die Abschottung genutzt. Am Schaalsee zum Beispiel, durch den der Todesstreifen mitten hindurchführte. Nach der Wende entdeckten Großstädter den See als Erholungsgebiet. Damit die Natur dabei nicht den Kürzeren zog, hatte schon die letzte, 1990 frei gewählte DDR-Regierung den Schaalsee als Schutzzone ausgewiesen. Wanderer und Segler können sich hier trotzdem erholen, während nebenan Kranich, Seeadler oder Eisvogel brüten. Auch die Elbe wäre ohne die Grenze wohl zur Wasserautobahn reguliert worden und es gäbe den Naturpark Mecklenburgisches Elbetal zwischen Dömitz und Boizenburg nicht. Das manchmal dramatisch anmutende Wechselspiel von Hoch- und Niedrigwasser vor allem im Spätwinter hat in dieser in Mitteleuropa einmaligen Flusslandschaft ein Nebeneinander von Überflutungsräumen, Elbnebenarmen mit Weichholzauen, Feuchtgrünländern, Mooren, Binnendünen und Wäldern geschaffen – Lebensraum für eine artenreiche Fauna und Flora, Durchzugs- und Überwinterungsplatz für viele Vogelarten.

HOCH ZU ROSS So rasant wie im Filmklassiker »Ben Hur« drehen die römischen Kampfwagen ihre Runden auf dem Paradeplatz von Redefin nicht, aber die Redefiner Hengstparaden sind längst eine Institution. Auch das Gestüt in der Griesen Gegend westlich von Ludwigslust ist nicht nur für Pferdenarren eine Attraktion. Mecklenburg ist traditionell ein Pferdeland. Für die Schweriner Herzöge züchtete bereits im 18. Jahrhundert ein Redefiner Gestüt edle Rösser. 1812 gründete Herzog Friedrich Franz I. zur Verbesserung der Pferdezucht das Landgestüt. Das erlebte einen neuen Aufschwung, als man in den 1960er-Jahren ganz auf die Reitpferdezucht zu setzen begann.

NICHT NUR VON PAPPE Auch in der Barockzeit war nicht alles Gold, was glänzt. Da die Staatsfinanzen für die fürstliche Prunksucht selten reichten, entschied sich Herzog Friedrich Franz I. von Mecklenburg-Schwerin im Residenzschloss Ludwigslust für eine besonders sparsame Lösung. Unter dem Blattgoldüberzug an Wänden, Decken und Säulen verbirgt sich »Ludwigsluster Carton«: Pappmachee, eigens aus alten Akten hergestellt.
Das Schloss ist zwar mit seinem Park die Hauptattraktion der Stadt. Da sie aber zusammen mit der Residenz geplant wurde, entstand im 18. und 19. Jahrhundert ein einheitliches Ensemble aus barocken und klassizistischen Gebäuden, das heute komplett unter Denkmalschutz steht.

DER SCHAALSEE ist der tiefste Süßwassersee in Norddeutschland. 30 Fischarten gibt es hier, darunter die Große Maräne. Wie sie in den See kam, erzählt eine Sage: Danach soll der Teufel den Fisch vom Bodensee geholt haben, weil die Äbtissin von Kloster Zarrentin in der Fastenzeit Maränen essen wollte – als Tausch bot sie ihre Seele an. Als die Nonne den Teufel betrog, warf dieser die Fische voller Wut in den See.

SÜDLÄNDISCHES FLAIR

Nach Italien versetzt fühlt sich der Besucher von Schwerin, wenn er von der mit Kandelabern und Schilderhäuschen geschmückten Schlossbrücke auf das Staatstheater schaut. Tatsächlich ließ sich Georg Daniel beim Bau des Theaters 1886 von der italienischen Spätrenaissance inspirieren.

OTHELLO
MUSEUM

BUCHSBAUMHECKEN IN PARAGRAFENFORM, Hyazinthen, Azaleen und alte Rosensorten: Nach der Sanierung sieht der Burggarten fast wieder aus wie nach seiner grundlegenden Gestaltung 1857.

VERGEBLICH KÄMPFTE Obotritenfürst Niklot gegen den sächsischen Herzog Heinrich den Löwen. 1160 wurde er hinterlistig gemeuchelt.

AUS GUSSEISEN errichtet, bot die Orangerie einst exotischen Pflanzen Schutz vor dem Winter. Heute schlürft man hier Latte macchiato.

WASSERSPEIENDE LÖWENKÖPFE sorgen für die Geräuschkulisse beim Lustwandeln unter den Kolonnaden der Orangerie.

GESAMTKUNSTWERK MIT SEEBLICK

DER ARABISCHE REISENDE Ibrahim Ibn Jacub hat bereits 973 den Bau erwähnt, da war das Schweriner Schloss noch eine Slawenburg. In den folgenden Jahrhunderten wurde fleißig aus- und umgebaut. Seine heutige Gestalt erhielt das Schmuckstück jedoch erst vor 150 Jahren. Georg Adolph Demmler schuf für Großherzog Friedrich Franz II. die neue Residenz, die mit ihrer glitzernden Goldkuppel, ihren Erkern und Balustraden und den vielen Türmen und Türmchen an ein französisches Lustschloss erinnert. Tatsächlich nahm sich Demmler Schloss Chambord zum Vorbild. Nach einem verheerenden Brand baute der regierende Großherzog sein Schloss in neuem Glanz auf. Richtig freuen konnte er sich wohl nicht mehr darüber, denn als es 1918 fertiggestellt war, hatte man bereits die Republik ausgerufen. Jetzt feilt Schwerin an einem Antrag, um die Anlage in die Welterbeliste der UNESCO eintragen zu lassen.

MIT BLICK ZUR STADT: Kunstvoll verziert zeigt sich die viergeschossige Fassade des Schlosses. In den Nischen stehen Standbilder der mittelalterlichen Herrscher Mecklenburgs.

OBEN | EIN BRÜCKENHAUS überspannt die Grube, einen im 13. Jahrhundert angelegten Wasserlauf, der durch die Altstadt von Wismar führt und die Bewohner einst mit Trinkwasser versorgte. UNTEN | ÜBER 300 HISTORISCHE GEBÄUDE zählt Wismar, darunter das Rathaus, das Gasthaus Alter Schwede, das Schabbellhaus sowie die Krämergasse mit ihren liebevoll restaurieren Giebelhäusern. RECHTS | UNTER KREUZRIPPENGEWÖLBEN: In die Geschichte von Wismar führt die Ausstellung »Bilder einer Stadt« im Rathauskeller, eine der größten mittelalterlichen Kelleranlagen Norddeutschlands.

Wismar in der Wende
Friedliche Demonstrationen leiteten im
November 1989 ein neues Kapitel in der
Geschichte der Stadt Wismar ein.
Seit Februar 1988 trafen sich Ausreisewillige
jeden Dienstag nach dem Gottesdienst
Neuen Kirche zu einem „Spaziergang
Markt".
Die Verschlechterung der
und die Wahlfälschung der
im Mai 1989 förderten den Unmut
Bürger. Die Zahl der
Die Festveranstaltungen zum 40.
DDR wurden planmäßig
Am 9. Oktober konstituierte sich
Forum" des Kreises Wismar in
Ort in der Nähe von Gägelow.
Am Reformationstag (31.10.1989)
Bürgerbewegung zu einer
Nikolaikirche auf. Das "Neue
sich den zahlreich erschienenen
und rief zur gewaltfreien
Gesellschaft auf. Viele fanden in
Kirche keinen Platz mehr. Am 9.
1989 öffnete die DDR die Grenzen
und Berlin (W). Viele nahmen das
stehen für ein Visum gern in Kauf,
wie Lübeck oder Hamburg
Freunde oder Familienangehörige
Demonstrationen nach dem Vorbild der
Großkundgebungen fanden seit Oktober

FLUSSGÖTTER IN GRANIT

Wasserarmut rund um den Schlosspark von Ludwigslust stellte die Landschaftsplaner vor Probleme. Deshalb konstruierten sie einen Kanal, der die Kaskaden und Wasserspiele der prächtigen Anlage mit frischen Nass versorgt.

OBEN | EINEN HAUCH VON VERSAILLES atmet das Prunkschloss Ludwigslust mit seinen über 100 Zimmern und dem 124 Hektar großen Park mit Wasserspielen, Gärten und Denkmälern. UNTEN | DER GALERIESALON mit dem Porzellankamin gehörte einst mit dem Wohn- und Schlafzimmer zu den privaten Gemächern des Herzogs. RECHTS | EIN BLICKFANG IM THRONSAAL von Schloss Schwerin ist der vergoldete und mit reichen Schnitzereien verzierte Sessel unter einem Wandteppich mit dem mecklenburgischen Wappen. Der Thronsaal wurde 1858 im Stil der Neorenaissance erbaut.

DAS SEENLAND

Die Müritz bestimmt als Herzstück auch den touristischen Pulsschlag dieser mecklenburgischen Region, die sich zu Recht Seenplatte nennt, aber erst durch die vielen Flüsse und Kanäle, die die meisten der unzähligen Seen miteinander verbinden, ihren einzigartigen Charakter als Natur-, Erholungs- und Wassersportrevier erhält. Dabei locken die kleinen Gewässer, oft idyllisch und versteckt in ausgedehnten Waldungen gelegen, noch mehr als die großen Seen mit ihrem regen Bootsverkehr.

BOOTSANLEGER, BUCHTEN, BADESTELLEN: Immerhin drei Kilometer lang ist der fjordartige Wasserarm, der Röbel von der offenen Müritz trennt und sich wunderbar für kleine Bootstouren eignet.

Barbara
RZ-AE

EIN BELIEBTER FERIENORT, der seinen beschaulichen Charakter trotzdem behalten hat: Blick auf den Hafen und den Westturm der frühgotischen Marienkirche in Röbel.

LAND DER TAUSEND SEEN

Respekt! Wer das Städtchen Waren aus DDR-Zeiten kennt, wird an Lob nicht sparen. Die »Hauptstadt« der Mecklenburgischen Seenplatte hat ihre Schauseite am Müritzufer zu einem wahren Schmuckstück herausgeputzt – wohl wissend, dass der Aufschwung in dieser recht strukturschwachen Region nur über den Tourismus führen kann. Ein neuer Jachthafen, noble Apartments in einem alten Getreidespeicher, restaurierte Fachwerkhäuser in der Altstadt, dazu eine Fußgängerzone, nette Straßencafés und gemütliche Kneipen: Das sind einige Bausteine des touristischen Erfolgs. Und da auch das Umfeld stimmt, platzt die Stadt in der Hochsaison aus allen Nähten.

DAS »KLEINE MEER« GANZ GROSS Die Mühe lohnt: Wer die enge Steintreppe im Turm der Röbeler Marienkirche erklommen hat, dem liegt die Müritz zu Füßen. Aus knapp 60 Metern, auf Augenhöhe mit den »Gipfeln« der Hügel am Horizont, bietet sich der weiteste und wohl auch schönste Blick über Norddeutschlands größten Binnensee. Morcze, »kleines Meer«, nannten ihn die Slawen, die das Land im frühen Mittelalter besiedelten.

Bei klarem Wetter hat man von hier oben alles im Blick, was diese Landschaft auszeichnet: gleich unten die roten Ziegeldächer der Kleinstadt; nach Westen und Süden endlose Felder, gesprenkelt mit ein paar Höfen und Dörfern, durchzogen von dunkelgrünen Baumreihen, Teilstücken der Deutschen Alleenstraße; jenseits der Müritz am Ostufer die Wälder des Nationalparks; im Norden den Badestrand von Klink und die Kirchtürme von Waren; über sich diesen hohen und weiten, so typischen norddeutschen Himmel, von dem Maler und Dichter nicht lassen können; und rund herum vor allem eins im Überfluss: Wasser. Die Müritz ist das Herz dieser Landschaft, aber zur Mecklenburgischen Seenplatte wird sie erst durch die unüberschaubare Zahl ihrer Gewässer. Darunter große wie der Plauer See, über den die Ausflugsschiffe der Weißen Flotte ziehen, und verträumte Teiche mitten im Wald, nur über verschlungene Pfade zu erreichen. An die 1000 sollen es sein, vielleicht auch ein paar mehr.

URLAUB AUF DEM WASSER Kurs halten: Ein Boot ist kein Auto. Es reagiert viel träger, und wer nicht rechtzeitig gegensteuert, furcht in einer Schlangenlinie durchs Wasser, die Erfahrene mit einem spöttischen Lächeln quittieren. Aber mit etwas Übung schaffen es schließlich doch alle, die sich im Müritzhafen Claassee bei Rechlin ihr Hausboot für ein oder zwei Wochen Urlaub auf dem Wasser abholen. So manche »Landratte« ist darunter, denn viele mecklenburgische Wasserstraßen darf man auch ohne Bootsführerschein bereisen. So ein Hausboot ist eine schwimmende Ferienwohnung, in der es an keinem Komfort mangelt. Tagelang kann man mit ihm gemächlich von See zu See schippern, durch Kanäle und auf Flüssen, an den kilometerweit bewaldeten

SCHON THEODOR FONTANE war 1896 von seinem Urlaub in Waren angetan. Heute kann man an der neu gestalteten Hafenpromenade bummeln oder auf Kopfsteinpflasterstraßen an restaurierten Häusern vorbeiflanieren.

DER FLEESENSEE gilt als Paradies für Bootsbesitzer. Der Name ist jedoch auch bekannt als Sitz einer der größten Ferien- und Freizeitanlagen in Deutschland: Land Fleesensee.

Ufern entlang, ohne dass Ruhe und Harmonie durch Straßenlärm oder Alltagshektik gestört würden. Und wem es abends in einer der Marinas, den dutzendweise neu entstandenen Jachthäfen, zu betriebsam zugeht, der kann an einem der einsamer gelegenen Rastplätze festmachen, um gemütlich bei einem Gläschen an Deck zu sitzen und zuzuschauen, wie sich die Kormorane ihr Menü aus dem fischreichen Wasser picken.

Mecklenburg ist ein einzigartiges Revier für Wasserwanderer, und wem ein Hausboot zu teuer ist, der kann es genauso gut mit dem Kanu durchstreifen. Auf Landüberquerungen ist man dabei nicht angewiesen. Das weite Netz der Seen ist durch Kanäle und Flüsse miteinander verbunden. Zwei der beliebtesten Reviere sind die Müritz-Elde-Wasserstraße, auf der man von Dömitz an der Elbe nach Waren an der Müritz gelangt, und die Müritz-Havel-Wasserstraße, die durch das Kleinseengebiet bei Mirow und Neustrelitz bis nach Berlin führt.

ROBINSON AM FLEESENSEE Nirgends wurde nach der Wende so radikal umgebaut wie am Ufer des Fleesensees. Wo sich zu DDR-Zeiten die Schweine der LPG Tierproduktion Lebbin nach Plan suhlten, räkeln sich heute die Gäste im Schlammbad fit. Golf statt Gülle, Animation statt Agitation – in Göhren-Lebbin ist eine hierzulande

WO DIE WILDEN WISENTE WOHNEN

bislang einzigartige Urlaubslandschaft aus der Retorte entstanden. Prunkstück ist das Fünf-Sterne-Schlosshotel im ehemaligen Gutshaus von Schloss Blücher aus dem Jahr 1914, das in der LPG-Ära als Konsum-Laden vor sich hin gammelte. Sport- und Spaßhungrige buchen im Robinson-Club – insgesamt 1400 Betten zählt man im 660 Hektar großen Club Fleesensee mit eigener Driving Range, in dem es manche nicht einmal bis zum 50 Schritte entfernt gelegenen Natursee schaffen – warum auch, wenn der geheizte Clubpool einen animateurgestützten Hauch von Mittelmeerurlaub verströmt.

JUNKERLAND UND BAUERNHAND Landleben anno dazumal ist meist ein Fall fürs Freilichtmuseum. Das Museum Alt Schwerin indes hat mehr zu bieten als Reetdachkaten, Korbflechter-Vorführungen und Streichelzoo. Das 1963 eingerichtete Museum ist in ein bewohntes Dorf integriert. Strukturen und Elemente des zu Kaisers Zeiten ausgebauten Gutes sind dennoch erhalten geblieben. Der Übergang zur industrialisierten Landwirtschaft, die Umwälzung des bäuerlichen Lebens durch LPG-Gründung und schließlich der Neubeginn nach der Wende werden lebendig – ländlicher Alltag vom Dampfmaschinen- bis zum Internetzeitalter.

EIN REFUGIUM FÜR URVIECHER Kaum einer der Besucher auf dem Damerower Werder hat die zotteligen Urviecher je zuvor gesehen. Kein Wunder, denn der Wisent, eine noch vor 200 Jahren in Mitteleuropa weit verbreitete Wildrindart, war 100 Jahre später nahezu ausgerottet. Die Letzten dieser Art auf Mecklenburger Boden verloren in den Hungerwintern des Ersten Weltkriegs ihr Leben. In Polen gelang es, aus ein paar geretteten Tieren wieder eine Herde aufzubauen, aus der 1957 ein Pärchen in das eigens eingerichtete Gehege am Kölpinsee gebracht wurde. Heute fressen sich wieder 20 erwachsene Wisente durch Gras und Unterholz, ein stabiler Bestand, der nicht mehr abgeschottet zu werden braucht. Ganz nahe kommt man den massigen Tieren – ein ausgewachsener Bulle bringt so viel Gewicht wie ein Mittelklassewagen auf die Waage – bei den täglichen Schaufütterungen.

REINE NATUR: MÜRITZ-NATIONALPARK Unter den 260 Vogelarten sind sie die Stars des Müritz-Nationalparks: die vom Aussterben bedrohten Seeadler, mit über zwei Metern Spannweite die mächtigsten heimischen Greifvögel. Unumschränkte Lufthoheit besitzen sie aber nicht. Dringen sie etwa in das Revier eines Fischadlerpaares ein, werden

OBEN | KEIN NORDAMERIKANISCHER BISON, sondern eine Wisentkuh trabt mit ihrem Kalb über eine Lichtung. Bei Gefahr kann das gewaltige Tier bis zu 60 Stundenkilometer laufen und Hindernisse überspringen. Zum Glück ist das Schaugehege auf dem Damerower Werder von großen Holzzäunen umgeben. UNTEN | ALTE TRADITION: Im »kleinen Meer« fangen Fischer Barsche, Hechte, Zander, Wels und Aal mit Reusen. Schon in der Jungsteinzeit gab es Fischer an der Müritz, die Slawen hinterließen allerlei Angelgerät. Heute ist die Reusenfischerei in Schutzgebieten meist nicht mehr erlaubt.

ANMUTIG HEBT DIE ZIERLICHE GESTALT ihr rechtes Bein, als ob sie gerade loslaufen wollte: Täuschend lebensecht schuf Antonio Canova die rosenwangige Hebe, die Göttin der Jugend. Eine Kopie des Meisterwerks steht im Hebetempel im Schlossgarten von Neustrelitz, der mit seinen Skulpturen, Brunnen, Säulen und alten Bäumen ein besonders schönes Beispiel der mecklenburgischen Schlossgärten darstellt.

MECKLENBURGISCHE PRINZESSIN AUF DEM PREUSSISCHEN THRON

sie sofort mit heftigen Attacken vertrieben. Solche Kämpfe zählen zu den spektakulärsten Szenen, die der Nationalparkbesucher beobachten kann. Für gewöhnlich geht es friedlicher zu. Adler sind scheue Tiere, und beim Brüten kann man ihnen nur aus größerer Distanz mit dem Fernglas zusehen. Oder von ganz nah auf dem Bildschirm im Informationshaus, auf den eine Kamera die Fütterung der Jungvögel live überträgt. Es lohnt aber gleichermaßen den Blick vor die Füße zu richten: Auf einem Bohlenweg durchs Moor betrachtet man den Fleisch fressenden Sonnentau, der sich mit einem klebrigen Sekret eine Insektenmahlzeit aufs Blatt lockt. Und an anderer Stelle bekommt man mit etwas Glück einen der rund 200 Rothirsche zu Gesicht. Auch die Fischer profitieren vom Artenreichtum des Nationalparks. Im Dorf Speck ziehen sie Barsche, Zander und Hechte aus dem Specker See, manchmal auch einen großen Karpfen, vor allem aber Aale – und die gibt es hier als frisch geräucherte Köstlichkeit gleich auf den Tisch.

KÖNIGIN DER HERZEN Mag alle Welt von Lady Di schwärmen, die Mecklenburger haben ihre eigene »Königin der Herzen«: Prinzessin Luise von Mecklenburg-Strelitz, die durch ihre Heirat mit dem dritten Friedrich Wilhelm aus Berlin preußische Königin wurde und damals eine ähnliche Beliebtheit erlangte wie Prinzessin Diana. Und sie starb ähnlich jung, mit 34, anno 1810 im Schloss Hohenzieritz nördlich von Neustrelitz. Stoff genug für eine Operette: »Luise, Königin der Herzen«, natürlich, alljährlich ein Höhepunkt der sommerlichen Schlossgartenfestspiele in Neustrelitz.

Operettenhaft mutet vieles an der Geschichte des kleinen Großherzogtums an, die 1701 mit einer der damals üblichen Landesteilungen begann und 1918 mit dem Selbstmord des letzten, von den Novemberrevolutionären gerade aus dem Amt gejagten Adolf Friedrich VI. endete. Zwar wurde sein Schloss 1945 in Schutt und Asche gelegt, aber der Schlossgarten blieb erhalten und präsentiert sich heute als faszinierendes Gegenstück zur urwüchsigen Natur nebenan im Nationalpark: ein kunstvoll gestalteter Landschaftspark, entstanden aus einem Barockgarten – und ein würdiger Rahmen für die beliebten Festspiele. Zum herzoglichen Erbe zählt außerdem das Landestheater Neustrelitz, das als eigenständige Bühne das Nach-Wende-Massaker der Sparkommissare an den ostdeutschen Kultureinrichtungen überlebt hat. Aber wer sollte auch sonst die »Luise« aufführen?

WILDNIS AM WASSER

Nach Skandinavien versetzt fühlt man sich beim Anblick des einsamen Schweingartensees im östlichen Teil des Nationalparks Müritz. Seinen Namen verdankt er den Schweinen, die früher hier gehalten wurden. Seit seiner Renaturierung nach der Wende wirkt er wieder wie unberührt.

SO NAH KOMMT MAN EINEM ADLER in der Natur kaum. Die majestätischen Tiere sind in den Beobachtungsstationen in Boek und Federow oder bei Zinow per Videoübertragung zu sehen. Oder man kann sie mit dem Fernglas beobachten.

DER ROTHIRSCH ist der König des Waldes. Er lebt vor allem im Westteil des Nationalparks. Im Herbst dröhnt sein Brunftgeschrei kilometerweit.

SCHÖN, ABER GIFTIG – an sumpfigen Ufern wächst sie und trägt viele Namen: Sumpfschlangenwurz, Schweinsohr oder Sumpfcalla.

DER SEEADLER MAG FISCHE, aber auch Wasservögel, Säugetiere und Aas verschmäht er nicht. Sein Nest baut er auf Bäumen in dichten Wäldern.

WERKSTATT DER NATUR

TROMPETENDE KRANICHE, einsame Seen und geheimnisvolle Moore, auf denen die Blätter von Seerosen sanft auf den Wellen treiben. Die wilde Natur des Müritz-Nationalparks überwältigt die Wanderer, die auf dem 450 Kilometer langen Wegenetz unterwegs sind, die Paddler, die mit dem Kanu durch die Wasserlandschaft streifen, und die Vogelfreunde beim Blick von einer der Beobachtungsplattformen. Drei Viertel des Nationalparks sind von Wäldern bedeckt, dazwischen verteilen sich 107 größere Seen und viele kleinere. Jeder hat seinen eigenen Charakter: Die nährstoffarmen und kalkreichen Quellseen leuchten glasklar, Moor- und kleine Waldseen schimmern in Brauntönen. Dichtes Schilf umgibt viele der Gewässer, in dem die Große Rohrdommel haust – auch »Moorochse« genannt. Vor allem in der Dämmerung hört man das dröhnende Rufen dieses Reihervogels.

SCHIER UNDURCHDRINGLICH erscheinen die dichten Schilfgürtel, die sich um Seen und Kanäle im Nationalpark erstrecken. Sie bieten vielen Wasservögeln Schutz vor ihren natürlichen Feinden – rund 250 Vogelarten wurden im Park gezählt.

OBEN | WASSERSPORTLER lieben den Plauer See, der sich wie ein blaues Band in nordsüdlicher Richtung erstreckt. Surfen, Tauchen, Angeln, Paddeln gehören zu den beliebtesten Aktivitäten. Segler schätzen die Windverhältnisse auf dem knapp 40 Quadratkilometer großen Gewässer. LINKS | DAS »BLAUE WUNDER«: Tausende Boote passieren jährlich die Müritz-Elde-Wasserstraße in Plau am See. Eine Hubbrücke in charakteristischem Blau, die höchste in Mecklenburg, muss ihnen dafür jedoch den Weg freigeben. Sie ersetzte 1916 eine Zugbrücke.

PARKS IN MECKLENBURG-VORPOMMERN

GARTENKUNST

»GESCHMÜCKTES LANDGUT«: Gartenbaumeister Peter Joseph Lenné und Architekt Friedrich August Stüler entwarfen das prächtige Gesamtensemble von Schloss und Park Basedow. Wasserflächen durften dabei nicht fehlen.

Die alte Eiche hat aufgegeben. Kahl und dürr steht der mächtige Stamm im Park von Schloss Kaarz. Experten schätzen das Alter des Baums auf mehr als 400 Jahre. Beim Gang durch die weitläufige Parkanlage östlich von Schwerin entdeckt man viele beeindruckende Exemplare, darunter Blutbuchen, Mammutbäume und Douglasien. Im 17. Jahrhundert erstmals erwähnt, erlebte Schloss Kaarz zu DDR-Zeiten seine turbulentesten Jahre: Nach dem Krieg diente es russischen Soldaten, Flüchtlingen und Umsiedlern als Quartier. Später war es Getreidelager, Schule, Bürgermeisterei, Konsum-Laden, Kindergarten, Mietshaus und Altenheim. »Als wir das Schloss 1990 kauften, fanden wir eine dachlose Ruine in einem Urwald vor«, sagt Schlossherrin Kerstin Gaertner. Nostalgie und Abenteuertum haben sie und ihre Angehörigen bewogen, das baufällige Gemäuer zu erwerben. Und Traditionsbewusstsein: Die Anlage war bis 1945 Teil des Familienbesitzes. Inzwischen erstrahlt das Haus als Schlosshotel in neuem Glanz, ebenso wie der englische Landschaftspark.
Schloss Kaarz und seine Parkanlage teilt seine Biografie mit vielen historischen Ensembles in Mecklenburg-Vorpommern. Mehr als 2000 Burgen, Klöster, Schlösser, Guts- und Herrenhäuser gibt es im Land, die meisten davon mit einem Park oder Garten: Stilisier-

te Gesamtkunstwerke befinden sich darunter ebenso wie bunte Bauerngärten, Kräuter- und Küchengärten, weitläufige Landschaftsparks und Rosengärten. Viele dieser Schätze wurden seit 1989 restauriert, oft finanziert durch öffentliche Mittel und mit Unterstützung der Deutschen Stiftung Denkmalschutz oder der Deutschen Bundesstiftung Umwelt, aber auch durch private Investoren, viele davon Alteigentümer, die ihren Besitz zurückerhielten oder neu erwarben – wie die Familie Gaertner. »Von der Denkmalpflege kam keine müde Mark. Dafür mussten wir uns aber jeden Grashalm genehmigen lassen.« Konflikte zwischen Privatinteressen und Vorgaben des Denkmalschutzes sind bei der Sanierung der historischen Parks – von denen es rund 650 in Mecklenburg-Vorpommern gibt – keine Seltenheit.

Die Suche nach einer Balance zwischen den widerstreitenden Interessen gehört zu den Aufgaben von Stefan Pulkenat. Der Garten- und Landschaftsarchitekt sanierte unter anderem den Landschaftspark von Schloss Hohenzieritz, eine der ältesten deutschen Gartenanlagen. Den Besucher erwarten Kühe auf saftigen Wiesen, Pfade um knorrige Stämme, Wildblumen am Wegesrand, weite Blicke in die umliegende Landschaft. Jedes Detail wurde akribisch geplant. »Dieses ländliche Idyll sollte wie ein Landschaftsgemälde aufgebaut werden«, sagt Pulkenat. »Baumgruppen wurden von den Baumeistern wie zur Kulissenwirkung im Theater gruppiert – ein meisterliches Spiel zwischen Offenheit und Geschlossenheit.« Bei der Sanierung musste Pulkenat behutsam vorgehen, »um die Leute nicht zu verärgern, die den Park seit jeher genutzt haben«. Wichtige Blickachsen sind heute noch verbaut oder durch Bäume verstellt. Pulkenat arbeitet bei der Sanierung eines Parks eng mit der Landesdenkmalpflege zusammen. Zu Beginn wird nach alten Plänen und Skizzen recherchiert und der aktuelle Bestand geprüft: Jede in Hohenzieritz vorkommende Vogelart taucht in Pulkenats Liste auf und Pflanzen von der Kartoffelrose bis zur Tatarischen Heckenkirsche. Danach wird entschieden, was erhalten werden kann und wo neu zu gestalten ist.

WIESEN, BÄUME UND GEBÄUDE fügen sich im Schlosspark Basedow in eine natürliche Harmonie. Viele historische Sichtachsen konnten nach der Wende rekonstruiert werden.

FAKTEN

Die Tourismuszentrale Mecklenburg-Vorpommern verschickt eine Broschüre »Schlösser, Parks und Herrenhäuser« mit Routen zu den schönsten Ensembles (www.auf-nach-mv. de). Jedes Jahr im Juni sind im Rahmen der Veranstaltung »Offene Gärten« rund 100 Anlagen für Besucher geöffnet, teilweise mit Pflanzenverkauf und gastronomischen Angeboten (www.offene-gaerten-mv.de).

MECKLENBURGISCHE SCHWEIZ

Trutzig geben sich die Stadttore noch immer, aber sie brauchen keine Feinde mehr abzuschrecken. Stattdessen sollen sie einladend wirken: auf Besucher, um die »Vier-Tore-Stadt« Neubrandenburg im Nordosten der Seenplatte am Urlauberboom des Landes teilhaben zu lassen. Auch der Landstrich zwischen Güstrow und Neubrandenburg birgt viele touristische Reize – allerdings sind es mehr die stillen, unspektakulären, die in der Mecklenburgischen Schweiz erholsame Ruhe abseits der Tourismushochburgen versprechen.

MIT SELTENHEITSWERT: Die nördlichste erhaltene Höhenburg Deutschlands gab dem Städtchen Burg Stargard seinen Namen. Elf historische Gebäude, darunter der 38 Meter hohe Bergfried, sind erhalten geblieben.

DIE MENSCHLICHE FIGUR in all ihren Facetten bildete den Mittelpunkt im Schaffen Ernst Barlachs: »Kunst ist eine Sache allertiefster Menschlichkeit ...« Barlachs ehemaliges Atelier in Güstrow.

STILLE WINKEL IM JUNKERLAND

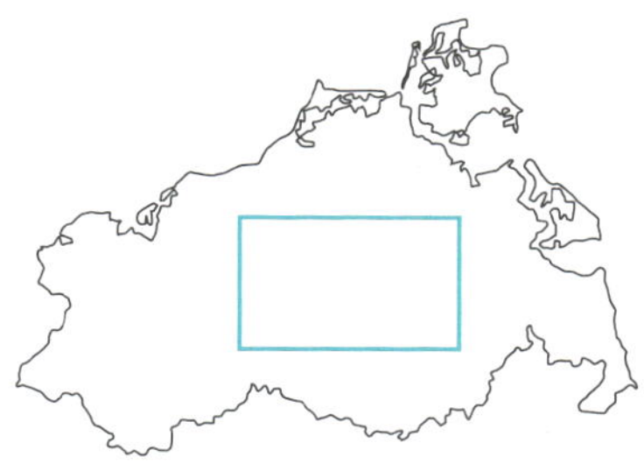

Güstrow liegt mittendrin im Land – und doch eher am Rand, nämlich abseits der großen Tourismusregionen Küste und Seenplatte. Es hatte eine bedeutende Zeit als Residenz, doch das ist über 300 Jahre her, und allein wegen des Renaissanceschlosses kommt niemand zu Besuch. Aber wer über Güstrow spricht, denkt ohnehin in erster Linie an einen der bedeutendsten Bildhauer des 20. Jahrhunderts, an Ernst Barlach. Weltberühmt ist »Der Schwebende«, jedoch ans Herz gewachsen war dem Bildhauer sein »Träumer«, weil der »die Wellen der mecklenburgischen Landschaft« verkörpere. Von ihr ließ sich der leidenschaftliche Spaziergänger immer wieder inspirieren. 1870 in Wedel bei Hamburg geboren, zog der Expressionist 1910 nach Güstrow und verbrachte hier bis zu seinem Tod 1938 die schöpferisch fruchtbarsten Jahre seines Lebens. Zuletzt auch die schwersten, von den Nationalsozialisten als »entarteter Künstler« verfemt. Auch die DDR versöhnte sich erst nach Stalins Tod 1953 mit dem künstlerischen Erbe Barlachs. Seitdem hängt »Der Schwebende« wieder im Güstrower Dom – allerdings nur als Kopie. Für Güstrow ist Barlach ein Glücksfall. Rund 320 Skulpturen umfasst der Nachlass, dazu über 1000 Zeichnungen und 200 Drucke – genug, um zusätzlich zu den traditionellen Ausstellungen in der Gertrudenkapelle und im Atelierhaus am Heidberg auch einen 1998 eröffneten Museumsneubau damit zu bestücken.

ZU FUSS DURCHS LAND Zum Wandern lädt die Landschaft ein wie kaum eine zweite,

NOMEN EST OMEN? Angeblich geht Bassewitz, der Name der Besitzer von Gut Dalwitz, auf das Wort »Basse« zurück – in der Jägersprache ein männliches Wildschwein, Symbol für Mut und Kraft.

ausgewiesene Wanderrouten gibt es inzwischen reichlich. Da verwundert es, dass auf einer der prominentesten Routen, dem Europäischen Fernwanderweg E10 von Finnland über Rügen bis Spanien, im Herzen Mecklenburgs eine Lücke klaffte. Der Wanderverein von Tessin hat sie geschlossen. Tessin klingt nach Schweiz, liegt immerhin nicht weit weg von der Mecklenburgischen Schweiz, ist jedoch nur ein kleiner Ort an der Autobahn A20. Er liegt aber an einem der schönsten Flüsse des Landes, der Recknitz. Die Tessiner Wanderfreunde haben das Recknitztal zum Teilstück des »E10« gemacht. Der Weg ist es wert. Er führt an Herrenhäusern wie Rossewitz vorbei, an dem 400-jährigen, ältesten Wildapfelbaum Europas, an der Rübenbahntrasse, auf der einst die Rüben von den umliegenden Gütern in die Zuckerfabrik nach Tessin transportiert wurden. Besonders schön ist das von Wäldern gesäumte, zum Teil noch recht urwüchsige untere Recknitztal, das sich auch für Wasserwanderungen anbietet.

EIN HOF MIT ZUKUNFT Das Herrenhaus auf Gut Dalwitz bei Teterow hätte wie viele andere im Lande ein elegantes Schlosshotel werden können, vielleicht eine echte Goldgrube. Aber Heinrich Graf von Bassewitz, der das abgewirtschaftete Gut, schon 1349 im Besitz seiner Familie, 1992 von der

Treuhand zurückkaufte, entschied sich für den ökologischen Landbau: mit 1000 Rindern auf 700 Hektar in Freilandhaltung und 400 Hektar Ackerfläche. Eine goldene Nase bringt das nicht, dazu ist der Markt für Bioprodukte zu eng, erst recht im finanzschwachen Mecklenburg. Deshalb vermietet von Bassewitz eben doch: keine Edelsuiten, sondern eine Handvoll familienfreundlicher Ferienwohnungen. Attraktion des zugehörigen Reiterhofs sind Criollos, eine Pferderasse aus Südamerika, auf denen Jung und Alt Westernreiten erlernen können. Auch sonst ist immer was los. So viel, dass Gut Dalwitz 2001 und 2008 als »Ferienhof des Jahres« ausgezeichnet wurde. Mecklenburgs Zukunft liegt wohl doch eher im Tourismus als in der Landwirtschaft.

AUF DER SUCHE NACH TROJA Für seine Pferde ist Mecklenburg bekannt. Ein ganz besonderes steht am Ortseingang von Ankershagen – ein hölzernes. Im Bauch eines solchen sollen die Griechen einst Troja überlistet haben. Den Beweis, dass Troja tatsächlich existierte, hat ein Pfarrerssohn aus Ankershagen erbracht: Als Kaufmann zu Geld gekommen, ging Heinrich Schliemann 1862, gerade mal 40 Jahre alt, in »Vorruhestand« und widmete sich fortan den alten Griechen. Bei seinen Ausgrabungen entdeckte er die antike Stadt – und den legendären »Schatz

TROJAS ENTDECKER Heinrich Schliemann leitete auch in Griechenland archäologische Ausgrabungen. 1890 wurde er auf dem Zentralfriedhof von Athen begraben und standesgemäß mit einem neoklassizistischen Grabmal geehrt. Diese Büste von ihm steht in Schwerin am Pfaffenteich.

FREILICHTMUSEUM nach historischem Vorbild: In Groß Raden kann man das Leben in einer slawischen Festung des Stammes der Obotriten nachempfinden. Herzstück war der Tempel, in dem der Himmelsgott Radegast verehrt wurde, der Sturm- und Donnergott Perun und Veles, der das Vieh beschützte. Als Kreuzritter unter Heinrich dem Löwen das Gebiet eroberten, flohen die Bewohner ostwärts oder ließen sich taufen.

ZEITREISE ZU DEN SLAWEN

des Priamos«. Heute weiß man, dass der »Vater der Archäologie«, ein genialer Selbstdarsteller, nicht das homerische, sondern ein viel älteres Troja gefunden hatte. Den angeblichen Priamos-Schatz vermachte er dem deutschen Volk, vertreten durch die Königlichen Museen in Berlin. Heute lagert der Schatz in Moskau. Das Schliemann-Museum im ehemaligen Pfarrhaus von Ankershagen besitzt den bedeutendsten Schliemann-Fundus außerhalb Berlins: neben wissenschaftlichen Dokumenten zahlreiche Grabungsfunde im Original, Nachbildungen und Modelle. Die Ausstellung dokumentiert die Verdienste des Pioniers, der völlig neue Methoden in die Archäologie einführte, thematisiert aber auch umstrittene Antriebskräfte seines Wirkens: eine übergroße Fantasie und die buchstabengetreue Auslegung von Homers »Ilias«. Schliemanns Erfolg wird dadurch nicht geschmälert: »Noch heute würde die gebrannte Stadt in der Verborgenheit der Erde ruhen, wenn nicht die Fantasie den Spaten geleitet hätte«, schrieb Rudolf Virchow.

EIN BLICK INS MITTELALTER Der Weg ins Dorf führt durch einen wehrhaften Palisadenzaun, Schutz gegen wilde Tiere und feindliche Stämme. So ganz genau weiß man es nicht, denn die Slawen, die Mecklenburg vom Ende des 6. bis in die Mitte 12. Jahrhunderts besiedelten, haben keine schriftlichen Zeugnisse hinterlassen. Ackerbau und Viehzucht betrieben sie, jagten und fischten. Ein paar Alltagsgegenstände und Waffen hat man gefunden, man kann den Grundriss der Siedlung rekonstruieren. Das reichte immerhin, um das mittelalterliche Leben nachzuempfinden. So ist ab 1994 Stück für Stück, Hütte für Hütte ein neues Slawendorf Passentin entstanden, eine Attraktion für den kleinen Ort bei Neubrandenburg. Besucher können den »Siedlern« beim Hausbau zusehen, ebenso beim Töpfern, Schnitzen, Schmieden und anderen Arbeiten. Sie können sich auch selbst in alten Handwerken üben, nicht nur etwas für Kinder. Zur Stärkung gibt's Eintopf aus dem Kessel über dem offenen Feuer.

5. Ringstraße

OBEN | SCHUTZ UND TRUTZ strahlt das Friedländer Tor aus. Das Haupttor Neubrandenburgs wurde um 1300 errichtet, einige Jahrzehnte später baute man das Vortor und verband beide Türme mit einer Mauer. Im ehemaligen Zollhaus des Steuereintreibers kann man heute Kaffee trinken. LINKS | DAS ERSTE BOLLWERK gegen den anstürmenden Feind waren die Wiekhäuser in der Stadtmauer. Viele der einstigen Kampfhäuser hat man in den vergangenen Jahren im Fachwerkstil restauriert und in Galerien, Kneipen und Kunsthandwerksläden umgewandelt.

OBEN I IM MITTELALTER DIE STADTBRÄNDE, im Zweiten Weltkrieg die Bomben: Die Neubrandenburger Marienkirche musste mehrfach neu errichtet werden. Einem finnischen Architekten verdankt man das Konzept einer modernen Konzertkirche – 2001 wurde sie eröffnet. RECHTS I LEHM ZU ZIEGEL »GEBACKEN«: Im norddeutschen Tiefland gab es Lehm zuhauf und so nutzte man ihn für viele Gebäude. Wie früher gebaut wurde, zeigt die Ausstellung »Wege zur Backsteingotik – In Neubrandenburg zur Wehr und Zier« im Turm der Marienkirche.

DIE KLANGSCHÖNSTE ORGEL MECKLENBURGS, rühmen Bewunderer. Orgelspieler können nach der Restaurierung der barocken Friese-orgel in Malchins Stadtkirche St. Maria und Johannes wieder alle Register ziehen. Auch die Farbfassung der Orgel strahlt in neuem Glanz.

AUSGANGSPUNKT FÜR WANDERUNGEN in eine liebliche Hügel- und Seenlandschaft ist das nur 7500 Einwohner zählende Malchin, das mit der Johanniskirche, dem Rathaus, dem Wasserturm sowie dem Stein- und dem Kalenschen Tor als Sehenswürdigkeiten aufwartet.

PADDEL-PARADIES

Wasserwanderer kommen auch in der Mecklenburgischen Schweiz auf ihre Kosten: Durch den Oberbach gelangen sie in den Tollensesee, ein glasklares und fischreiches Gewässer, umgeben von Wäldern und Wiesen.

IMPOSANT UND DOCH ELEGANT: Das Güstrower Schloss mit seinen verzierten Giebeln, Ecktürmen und schlanken Schornsteinen gehört zu den bedeutendsten Renaissancebauten in Mecklenburg-Vorpommern. Über ein Jahrhundert bauten die Herzöge von Mecklenburg-Güstrow daran. Den Startschuss gab 1558 Herzog Ulrich, der Handwerker und Künstler aus verschiedenen Ländern beauftragte.

DIE REHE UND HIRSCHE DES ROTWILDFRIESES im Festsaal im ersten Obergeschoss des Güstrower Schlosses wirken so plastisch, als ob sie gleich herausspringen würden. Den Fries schuf Christoph Parr, der Bruder des Schlossbaumeisters, zwischen 1569 und 1571. Meisterhaft ausgeführt ist auch die 1620 eingebaute Stuckkassettendecke mit mythologischen Bildern und exotischen Jagdszenen.

GOTTESHAUS UND SCHATZKAMMER

FÜR DIE OPFER DES ERSTEN WELTKRIEGS schuf Barlach 1927 den »Schwebenden« (links). Die Augen geschlossen, scheint sich die Figur der Vision einer besseren Welt hinzugeben. Die Plastik hängt als Nachguss im Dom von Güstrow, der mit seinem kreuzförmigen Grundriss und dem lang gestreckten Chorraum noch zur Romanik gehört. Gotisch hingegen sind das Langhaus und der Turm.

EINE WAHRE SCHATZKAMMER hütet der Dom von Güstrow in seinen Mauern, so reich ist er mit Kunstschätzen von der Spätromanik bis zur Neuzeit ausgestattet. Am bekanntesten sind der spätgotische Flügelaltar, die um 1530 geschaffenen ausdrucksstarken Apostelfiguren aus Eichenholz, das Triumphkreuz mit den 14 Knospen, die das Zeichen des Todes zum Baum des Lebens verwandeln, das Herzog-Ulrich-Monument, das die Porträts der Stifter wiedergibt, sowie der »Schwebende« von Ernst Barlach. Ein weiteres Kleinod ist das Renaissancetaufbecken, aus Sandstein und Alabaster geformt, mit einer Haube aus Holz. Gestützt wird das Becken von Pfeilern, die seltsamerweise den griechischen Götterboten Hermes darstellen – in der Renaissance hatte man keine Scheu, antike und christliche Ideen miteinander zu verbinden.

JUGENDSTIL-PRACHT

Fröhlich fassen sie sich an den Händen und tanzen um den Brunnen: drei bronzene Nymphen, die der Bildhauer Walter Schott ursprünglich für den Brunnenhof des Kaufhauses Wertheim in Berlin schuf. Seit 1930 stehen sie im weitläufigen Park von Burg Schlitz, die seit 1999 als Schlosshotel genutzt wird.

ROSTOCK UND UMGEBUNG

Einmal im Jahr lässt Segelschiffromantik die nüchterne Geschäftigkeit vergessen, die auch in Rostock den modernen Hafenbetrieb kennzeichnet. Bei der Hanse Sail beherrschen die Masten das Bild an der Unterwarnow wie einst in stolzen Hansetagen. Fast noch mehr gilt den Besuchern die maritime Ausstrahlung der Umgebung: von Bad Doberan über Kühlungsborn, Warnemünde und Graal-Müritz bis zur Bernsteinstadt Ribnitz-Damgarten.

GUT EINEN HALBEN KILOMETER weit kann man auf der Westmole von Warnemünde in die Ostsee spazieren. Der grün-weiße Leuchtturm hilft Schiffen, sicher in den Hafen von Rostock einzufahren.

sailing.de
IBGHAUS
Scandlines
VOLVO OCEAN RACE
IBGHAUS
VOLVO OCEAN RACE

OB KLEINE SEGELJACHTEN oder große Dreimaster: Auch Landratten lernen auf einem mehrtägigen Segeltörn, wie man ein Vorsegel einholt und hart am Wind segelt.

SEGELROMANTIK CONTRA MODERNE

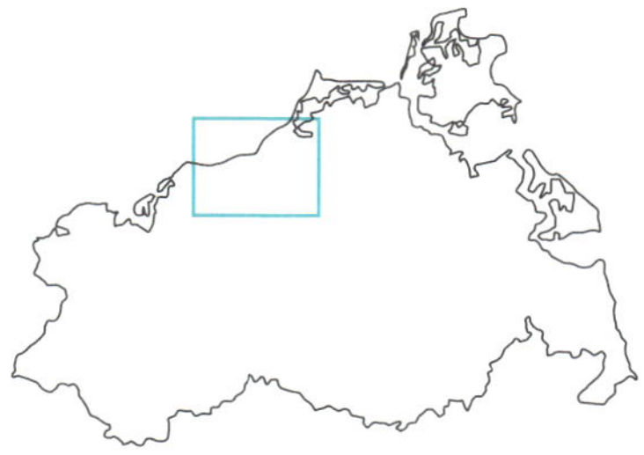

Es ist das Meer, das Rostock etwas von seiner Kraft und Freiheit in die Wiege spritzte, das Meer, das von den Bürgern Verwegenheit verlangte und ihnen Reichtum dafür gab«, schrieb Ricarda Huch über den Aufstieg der stolzen Hansestadt zu einem der führenden Handelsplätze des Ostseeraums. Diese Kraft kann die durch den Crash der Industrie und massive Abwanderung schwer gebeutelte Stadt gut gebrauchen, denn potente Investoren kommen nur zögernd. Aber die Besucher strömen in Scharen an die Warnow. Wie sehr man auf den Fremdenverkehr setzt, zeigt sich in Warnemünde, wo Fischer ihre Netze eingemottet haben und sich lieber Touristen für einen Törn aufs Meer angeln.

FRISCHER WIND IN ALTEN MAUERN Früher hat er mit seinen kopulierenden Kormoranen, nackten Pärchen und anderen »Schweinereien« für reichlich Wellenschlag gesorgt: der Brunnen der Lebensfreude, der seit 1980 den Universitätsplatz ziert. Heute ist die Wasser speiende Bronze in der Rostocker Altstadt ein beliebtes Fotomotiv. Auf die altehrwürdige Universität dahinter – 1419 gegründet, ist sie die älteste des Ostseeraums – hat ein Run eingesetzt.
Viel Betrieb herrscht daher in der Fußgängerzone Kröpeliner Straße. Sie endet am Neuen Markt, mit Rathaus und Alter Post die »gute Stube« der Altstadt und gern gezeigtes Musterstück der Altstadtsanierung, die von 1991 bis 2007 schätzungsweise mehr als eine Milliarde Euro an öffentlichen und privaten Mitteln verschlang. Viel getan hat sich schon am Warnowufer. Das 1942 zerbombte Viertel wollten die DDR-Oberen zunächst völlig beseitigen, bis auch dort der Charme alter Quartiere entdeckt wurde. So vereinte man in den 1980er-Jahren »sozialistischen« Plattenbau mit Fassaden nach historischen Vorbildern, und das Ergebnis war gar nicht so schlecht. In der Wokrenter Straße stehen sogar 15 echte alte Giebelhäuser, allerdings nur eins davon an seinem ursprünglichen Platz. Die anderen wurden hierher versetzt.

GROSSE HAFENRUNDFAHRT Der »Käpp'n« hat kaum abgelegt, da kann er den Passagieren schon etwas Imposantes bieten: Die »Crown Princess«, ein 245 Meter langes Traumschiff, manövriert durch die enge Fahrrinne der Warnowmündung. Und im Breitling, dem Hafenbecken, dreht gerade die Autofähre aus Tallinn. Zu DDR-Zeiten wurde hier Stahl umgeschlagen, aber der Markt brach nach der Wende rasch zusammen.

Deshalb entstand anstelle des maroden Ladeplatzes ein moderner Fährterminal, und Rostock-Warnemünde wurde zu einem der wichtigsten Passagierhäfen an der Ostsee, auch wegen der mehr als 100 Kreuzfahrtschiffe im Jahr, die in der Hansestadt Station machen. Das Rundfahrtschiff passiert die Nordic- und die Neptun-Werft, zu DDR-Zeiten Prunkstücke des Kombinats Schiffbau, das 57 000 Menschen Arbeit gab, einem Drittel davon in diesen beiden Werften. Ihre Besitzer haben sie zu hochmodernen Betrieben aufgerüstet. Die Mitarbeiterzahl ist auf weniger als ein Zehntel geschrumpft.

Die Rundfahrt führt am Stadtteil Groß Klein vorbei, wo der IGA-Park, das einstige Gelände der Internationalen Gartenbauausstellung 2003, zahlreiche Freitzeitmöglichkeiten bietet. Und bald taucht das Panorama der Rostocker Altstadt auf, überragt vom Turm der Marienkirche. Der alte Stadthafen, in dem keine Güter mehr umgeschlagen werden, wirkt verwaist. Im August aber, bei der Hanse Sail, wird hier der Teufel los sein.

VORNEHM UND ELEGANT wirkt Heiligendamm dank seiner Logierhäuser, die sich wie Perlen am Strand entlangziehen, und dem Kurhaus mit den dorischen Säulen.

DER EINSTIGE REICHTUM ROSTOCKS spiegelt sich in den prächtigen Fassaden der Giebelhäuser in der Wokrenter Straße und an der stolz aufragenden Marienkirche, die den Zweiten Weltkrieg fast unbeschadet überstand.

UNTER VOLLEN SEGELN Für manchen geht ein Kindheitstraum in Erfüllung: auf einem echten Windjammer übers Meer zu gleiten. Die Rostocker Hanse Sail bietet dazu reichlich Gelegenheit. Allerdings sind die attraktivsten der rund 20000 Plätze für Mitsegler meist lange vorher ausgebucht. Seit 1991 begeistert das maritime Spektakel Jahr für Jahr rund eine Million Zuschauer. Mehr als 250 Schiffe – neben Traditionsseglern auch solche Exoten wie Eisbrecher, Forschungsschiffe, Salondampfer und mittelalterliche Koggen – säumen dann die Kaimauern. Stars sind natürlich die vielen Windjammer, die historischen Großsegler wie die russische »Krusenstern«, der zweitgrößte Traditionssegler der Welt, oder die »Gorch Fock«.

ROSTOCKS BADEWANNE Was Rostock in der City noch fehlt, besitzt es in seinem nördlichsten Stadtteil, dem Seebad Warnemünde, längst: eine lebhafte und attraktive Uferpromenade. Am Alten Strom, der ehemaligen Hafeneinfahrt, in der heute Fischer- und Segelboote festmachen, beherbergen die kleinen Giebelhäuschen Cafés, Kneipen und Boutiquen. Typisch für diese Häuser sind die vorgebauten »Warnemünder Glaskästen«. Die im Sommer stets überlaufene Flaniermeile endet an der Westmole, wo der 100 Meter breite Sandstrand beginnt. Davor liegt ein herrliches Surf- und Segelrevier, das schon manchen internationalen Wettbewerb gesehen hat und wegen seiner guten Bedingungen auch noch erleben wird.

KLASSIZISTISCHE BÄDERARCHITEKTUR

TORE FÜRS SELBSTBEWUSSTSEIN Sie sind Kult und ein Symbol: Die Fußballer des FC Hansa Rostock kämpfen jede Saison gegen den Abstieg. Und am Ende schaffen sie es meist doch, sich in der Bundesliga zu behaupten. Das macht sie zum Hoffnungsträger. Inzwischen hat die Stadt den Kickern ein neues Stadion für 30 000 Zuschauer gebaut, doch für teure Stars wird das Geld auch in Zukunft fehlen. Deshalb setzt man auf Nachwuchs aus dem eigenen Fußballinternat.

WEISSE STADT AM MEER Begonnen hatte in Heiligendamm alles 1793, als Herzog Friedrich Franz I. dem Rat seines Leibarztes folgte und hier das erste deutsche Seebad gründete. Das Geld dafür besorgte er sich zunächst durch den Verkauf von 1000 mecklenburgischen Soldaten, später durch die Verpachtung der Doberaner Spielbanken. Bis 1870 entstand so ein einzigartiges Ensemble von Bade-, Logier- und Geschäftshäusern in klassizistischem Stil. Zu den regelmäßigen Gästen zählten Wilhelm von Humboldt, Lord Nelson und die Zarenfamilie. Bis zum Zweiten Weltkrieg blieb die »weiße Stadt am Meer« ein exklusiver Badeort für gehobene Kreise. Das in DDR-Zeiten vernachlässigte Areal kaufte ein Investor auf und ließ hier eine der exklusivsten Urlaubsstätten des Landes aus den Ruinen auferstehen.

RÜCKKEHR DER GALOPPER Als die Bad Doberaner Kommunalpolitiker ihren Ortsteil Heiligendamm 1996 verkauften, hofften sie, dass vom Luxus auch etwas für ihre Stadt abfallen würde. So wie schon unter Herzog Friedrich Franz I., der Bad Doberan nach der Gründung des nahen Seebads zu seiner Sommerresidenz ausbaute. Das klassizistische Ortsbild zeugt heute noch davon. Eine Institution wird sicher vom zahlungskräftigen Publikum profitieren: die Galopprennbahn. 1993 wurde die heutige Anlage eröffnet. 1823 weihte man hier die erste Pferderennbahn auf dem europäischen Kontinent ein, zum herzoglichen Amüsement. Dafür bestand in der DDR kein Bedarf, und so wurde die Bahn 1961 umgepflügt. Die Renntage im neuen Hippodrom haben sich zwar etabliert, auch als gesellschaftliches Ereignis. Aber so ganz will der Ruch des Provinziellen noch nicht verfliegen – da kommen die Fünf-Sterne-Gäste aus Heiligendamm gerade recht.

SCHALL UND RAUCH Mit einem Bimmeln kündigt sich »Molli« an, bevor sie durch die engen Straßen von Bad Doberan schnauft. Die betagte Dame ist eine Schmalspurbahn mit Dampflok und historischen Waggons. 1886 befuhr sie zum ersten Mal die Strecke von Bad Doberan nach Heiligendamm, die später nach Kühlungsborn verlängert wurde.

PERLE DER DEUTSCHEN BACKSTEINGOTIK: Imposant ist das 26,5 Meter hohe Mittelschiff des Münsters von Bad Doberan, einer ehemaligen zisterziensischen Klosterkirche, mit seinem Kreuzrippengewölbe. In den Seitenschiffen des Querhauses werden jeweils vier Gewölbefelder von einem für diese schlicht gehaltene Anlage auffälligen bunten Zentralpfeiler aufgefangen.

CHILLEN IM SAND

Mallorca in Warnemünde: Schusters Strandbar heißt die In-Location, in der man den Tag bei Cocktails und Lounge-Musik ausklingen lassen kann. Zum Speisen lädt nebenan der »Teepott« ein, moderner Nachfolgebau eines einstigen Teepavillons.

CHARAKTERISTISCH FÜR DIE BACKSTEINGOTIK – wie hier in Rostock – ist die Gestaltung mit Giebeln und gebrannten Ornamenten, mit dem Wechsel von Ziegeln und verputzten Flächen.

TRUTZIG wie eine Burg wirkt dieses moderne Handelshaus in Rostocks Langer Straße, das Stilelemente der Backsteingotik aufgreift.

EIN BAROCKER VORBAU verdeckt das Backsteingotik-Ensemble des im 13. Jahrhundert errichteten Rostocker Rathauses.

DER WECHSEL zwischen farbig lasierten Backsteinen kann echt oder – wie hier im Münster von Bad Doberan – auch nur vorgetäuscht sein.

IM FEUER GEBRANNT

ROT, ROT, ROT: Die leuchtende Farbe der Backsteingotik in all ihren Nuancen von Orange bis Braun bestimmt den ersten Eindruck in Rostock und vielen weiteren Städten Mecklenburg-Vorpommerns. Natursteine waren immer Mangelware in Norddeutschland, Lehm gab es hingegen in Hülle und Fülle. Die Baumeister verwendeten daher schon im 13. Jahrhundert zunehmend gebrannte Ziegel. Unzählige der handgefertigten Steine benötigte man für den neuen, sich in die Höhe entfaltenden Baustil mit seinen Spitzbögen, dem Strebewerk, den Giebeln und Toren. Die reichen Hansestädte konnten sich den Aufwand leisten und bauten prächtige Kirchen, Kathedralen, Bürgerhäuser, Speicher, Rathäuser und Stadtmauern – diese gelten bis heute als Wahrzeichen jener Epoche. Der Baustil fand weite Verbreitung: die Europäische Route der Backsteingotik führt durch sieben Länder.

WUCHTIG UND DOCH SCHLICHT zeigen sich die meisten Bauten der Zeit zwischen dem 13. und 16. Jahrhundert – es finden sich aber auch Details wie dieses mittelalterliche Relief an einem Rostocker Haus.

OBEN | IM GRÖSSTEN BADEORT MECKLENBURGS tummelten sich bereits um 1880 die ersten Badegäste. Kühlungsborn ist auch wegen seiner Villen im Stil der Bäderarchitektur bekannt. Neue Gebäude müssen sich einfügen und dürfen die höchsten Bäume nicht überragen.
RECHTS | AUFRECHT STEHENDER WÄSCHEKORB nannten Spötter den ersten Strandkorb, den Korbmacher Wilhelm Bartelmann 1882 aus Weiden und Rohr für eine Kundin anfertigte. Heute ist der Wind- und Sonnenschutz von den Stränden der Ostsee nicht mehr wegzudenken.

130
106
110
105
109

LEBENDIGE VERGANGENHEIT

Wie hauste eine Landarbeiterfamilie in den 1920er-Jahren? Wie gelang es, mit einer Lauge aus Holzasche zu waschen? Das Freilichtmuseum von Klockenhagen gibt darauf Antworten und vermittelt Eindrücke vom dörflichen Leben vergangener Zeiten.

VON FISCHLAND BIS RÜGEN

Immer der gleiche Blick, aber immer wieder schön: Als der Maler Caspar David Friedrich ihn vor fast 200 Jahren auf Leinwand bannte, waren die Rügener Kreidefelsen bereits so etwas wie eine Touristenattraktion, die sich auch heute kein Rügen-Urlauber entgehen lässt. Natur pur bietet die Region aber auch abseits der weißen Küste: in den Nationalparks Vorpommersche Boddenlandschaft und Jasmund – dort allerdings vor allzu großem Massenandrang geschützt. Und für ein urbanes Gegengewicht sorgt die alte Hansestadt Stralsund.

KEINE STRANDKÖRBE, KEINE GASTSTÄTTEN: Der Darßer Weststrand gilt als einer der ursprünglichsten Küstenabschnitte der Ostsee. Umgestürzte Bäume und vom Wind verbogene Kiefern zeugen von der Kraft der Naturgewalten.

ABTAUCHEN ALS MEERESFORSCHER: Wie ein Fahrstuhl gleitet die Tauchgondel an der Seebrücke Sellin in die Tiefe – zu einer Einführung in die Unterwasserwelt der Ostsee.

DIE WEISSE KÜSTE

Rot, blau, knallgelb: Kräftige Farben decken das Schnitzwerk an den Türen. Die Sonne, die Windrose, ein Baum – Symbole des Lebens. Die in solider Handarbeit getischlerten Holztüren sind typisch für die Seemannshäuser in Fischland und Darß wie die dicken Hauben aus Reet. Kapitänstüren: Das erinnert daran, dass noch vor wenigen Generationen nahezu jede Familie hier von der Seefahrt lebte. Das ist längst vorbei, aber vielleicht auch ein Grund, warum der Tourismus von der Halbinsel behutsamer Besitz ergriffen hat als von anderen Küstenstrichen.

MIT DER NATUR IM BUNDE Auch hier weckte die Goldgräberstimmung nach der Wende Begehrlichkeiten. Mit dem Nationalpark Vorpommersche Boddenlandschaft, der den größten Teil der Halbinsel einschließlich der angrenzenden Wasserflächen umfasst, wurde 1990 aber zerstörerischen Eingriffen in diese einzigartige Landschaft ein Riegel vorgeschoben. Seitdem blüht hier der sanfte Tourismus, und das angemessene Verkehrsmittel ist das Fahrrad – zieht man nicht die Wanderschuhe, einen Pferderücken oder eine romantische Kutschfahrt vor. Schön sind die kilometerlangen Sandstrände, aber nicht einmalig. Einzigartig als Lebensraum für seltene Tiere und Pflanzen dagegen sind die Bodden: flache, durch vorgelagerte Inseln oder Landzungen von der offenen See weitgehend abgetrennte Buchten. Die breiten Röhrichtgürtel dienen mancher vom Aussterben bedrohter Vogelart als Brutstätte.

STIMMUNG IN AHRENSHOOP Die Einsamkeit, die der Maler Paul Müller-Kaempf an Ahrenshoop so geschätzt hatte, sucht man heute – zumindest im Sommer – vergebens. Alles andere ist noch da: die reetgedeckten Fischerhäuser in den Dünen, die vom Wind gebeugten Bäume, der Strand, vor allem

DAS SEEBAD AHRENSHOOP machte sich im vorletzten Jahrhundert als Künstlerenklave einen Namen. Maler, Dichter und Denker ließen sich von den Landschaften zwischen Stränden und Steilküste inspirieren.

aber das Licht, das diese wechselvollen Stimmungen hervorzaubert, die Paul Müller-Kaempf und seine Malerfreunde so einfühlsam auf die Leinwand übertragen haben. Die Anziehungskraft auf die Künstler wie aufs Publikum hat sich bis heute erhalten. Im Mittelpunkt steht noch immer die Kunstkate, in der Müller-Kaempf vor gut 100 Jahren die erste Kunstausstellung organisiert hatte. Die bedeutendsten Werke aus jener Zeit hängen dagegen längst in größeren Galerien, viele im Kulturhistorischen Museum in Rostock.

OLDTIMER AUF REGATTAKURS Selbst in der Hochsaison ist Bodstedt ein ruhiger Küstenort. Nur einmal im Jahr gerät alles aus den Fugen. Anfang September strömen Tausende zur Zeesbootregatta und besetzen die Boddenufer, um den wuchtigen Zweimastern mit ihren braunen Segeln zuzuschauen. Viele Boote bei der Regatta sind echte Oldtimer. Es gibt aber auch Nachbauten, von solventen Liebhabern auf einer der wenigen kleinen Werften in Auftrag gegeben, die den traditionellen Holzbootbau in Handarbeit noch beherrschen. So wie die Barther Werft von Eckehardt Rammin, der 1965 die erste Zeesbootwettfahrt organisiert hat.

HUNDERT TAGE EINSAMKEIT Was suchen Urlauber auf einer Insel, auf der es keine Disco, kein Erlebnisbad, nicht einmal Autos gibt. Vielleicht suchen sie auf Hiddensee das Gleiche wie der Dichter Gerhart Hauptmann, der bereits nach dem ersten Besuch 1885 »Weltabgeschiedenheit und Verlassenheit« rühmte. Im Winter gibt es sie noch. Im Sommer, wenn die Tagesgäste in den Inselhäfen Vitte, Kloster und Neuendorf von Bord strömen, müsste man schon bis ans Ende dieser kleinen Welt wandern. Doch das Vogelschutzgebiet Gellen an der Südspitze ist tabu. Aber vielleicht spüren die Sommergäste auch so noch etwas von dem »grandiosen und furchtbaren Ernst unberührter Natur«, von der sich Hauptmann mystisch erschüttern ließ, wie er sagte. Er jedenfalls verliebte sich so sehr in dieses Eiland, dass er in Kloster Haus Seedorn kaufte – heute ein Hauptmann-Museum. Von dort aus ist es übrigens nicht weit in das Nationalparkrevier Dornbusch, einer hoch gelegenen Heidefläche an der Nordspitze, an der die Steilufer bis zu 60 Meter zum Meer hin abfallen.

EIN TRAUM AUS BACKSTEIN Hier eine gotische Fassade, dort ein barockes Portal oder ein himmelstürmender Stufengiebel: Wer durch Stralsunds Altstadt schlendert, versteht, warum die Hansestadt am Strelasund einst als schönste an der ganzen Ostseeküste galt. Die Sanierung ist noch nicht abgeschlossen. Aber immerhin war schon genug historischer Glanz zurückgekehrt, um die UNESCO zu bewegen, die Altstadt in das Welterbe aufzunehmen. Die feinste hanseatische Pracht kann man am Alten Markt bewundern, wo Perlen spätgotischer Back-

»IN MEINES HAUSES stillem Raum herrscht der Traum«, schrieb Gerhart Hauptmann über sein geliebtes Haus Seedorn auf Hiddensee. Wohn- und Arbeitsräume, Schreibtisch und Bücher sind erhalten geblieben.

STADT MIT ZIRKUS

steinbaukunst stehen: das Haus des Bürgermeisters Wulflam und die durchbrochene Schaufassade des Rathauses. Die Rathauswestfront schmückt ein Barockportal: Zeugnis einer zweiten, nachhansischen Blütezeit Stralsunds, als die Stadt eine wichtige Rolle im schwedischen Ostseereich spielte. Der Dreißigjährige Krieg war überstanden, die kaiserlichen Truppen unter Wallenstein hatten sich an Stralsunds Festungsmauern die Zähne ausgebissen – Anlass für ein jährliches Historienspektakel, das mit dem »Hohnblasen« vom Turm der Nikolaikirche beginnt.

ZIRKUS OHNE MANEGE Der Schriftsteller Heinrich Laube empfand Putbus »wie eine Theaterdekoration«. Das passte anno 1837 und es passt heute. Zumindest für den Zirkus, den runden, mit 16 strahlend weißen Häusern umschlossen Platz, in dessen Mitte ein Obelisk steht. Alles ist stilreiner Klassizismus und jedes Haus hat seine individuelle Note. Es ist der zu Stein gewordene Traum eines einzigen Mannes. Wilhelm Malte, frisch geadelter Fürst zu Putbus, weit gereister Schöngeist und Italienliebhaber, ließ sich hier ab 1808 ein neues Zuhause in den Rügener Sand setzen – Europas letzte planmäßig erbaute Residenzstadt. Vom Schloss blieb im Schlosspark immerhin eine prunkvolle Orangerie und ein Marstall, im Frühjahr Schauplatz der Putbus-Festspiele. Auch ein passendes Theater ließ Fürst Malte bauen – heute das einzige auf Rügen. Bei Touristen beliebter ist jedoch der Bahnhof, von dem der »Rasende Roland«, die dampfbetriebene Schmalspurbahn, nach Göhren startet.

KREIDEZEIT AUF RÜGEN Wer kennt sie nicht: die »Kreidefelsen auf Rügen«. Wenn nicht im Original, dann zumindest in Caspar David Friedrichs immer und immer wieder gedruckter Version. Der Königsstuhl und die Wissower Klinken sind Deutschlands mit Abstand berühmtestes Naturdenkmal. Dabei wäre es vor knapp 100 Jahren um die Felsen fast geschehen gewesen. Die Rügener Kreideproduzenten hätten aus der herrlichen Steilküste gern Gips gemacht. Heute sind die Kreidefelsen Kernstück des Nationalparks Jasmund. Und der Königsstuhl ist mit 117 Metern der höchste Punkt an der Küste. Man sollte sich nicht mit einem flüchtigen Blick zufrieden geben, sondern sich auf dem Hochuferweg von Sassnitz aus die Schönheit dieses Küstenstreifens erwandern.

HOCHZEIT AM KAP ARKONA Wer könnte ein Brautpaar sicherer in den Hafen der Ehe lotsen als ein Leuchtturm? Niemand, entschied man am Kap Arkona und richtete deshalb im 1827 nach Plänen von Karl Friedrich Schinkel errichteten Leuchtturm das nördlichste Standesamt des Landes ein. Fast 3000 Brautpaare aus ganz Deutschland trauten sich hier schon, »Ja« zu sagen.

OBEN | KULTURHAUPTSTADT RÜGENS wird Putbus auch genannt – das 180 Jahre alte Theater leistet mit rund 200 Veranstaltungen im Jahr seinen Beitrag dazu. Das klassizistische Gebäude lässt sich auch auf Führungen erleben. UNTEN | NICHT NUR KREIDEFELSEN machen eine Wanderung durch die Buchenwälder des Nationalparks Jasmund zum Erlebnis: Ihn durchziehen auch verwunschene Moore mit Erlen, Wollgräsern, Fieberklee und Sonnentau.

HIMMELSFLUCHTEN

Zwergengleich fühlt sich der Mensch inmitten des monumentalen Baus von St. Marien in Stralsund, wenn er den Blick in das Zentralgewölbe der Kirche hebt. Der überwältigende Raumeindruck, fast 33 Meter hoch und im Mittelschiff 100 Meter lang, ist typisch für die Backsteingotik.

OBEN | IM MUSEUMSHAUS, einem der ältesten Giebelhäuser Stralsunds, sind Teile der Inneneinrichtung erhalten geblieben, zum Beispiel die Wohnstube und ein spätmittelalterlicher Ladekran. UNTEN | EIN KAUFHAUS mit 40 Geschäften hatte im Stralsunder Rathaus im Mittelalter seinen Sitz. Handel und Ratsgeschäfte unter einem Dach – kein Wunder in einer Stadt, die durch die Hanse groß wurde. RECHTS | GIEBELHÄUSER aus mehreren Jahrhunderten zieren Stralsunds Altstadt, wie hier ein Renaissancebau mit Doppelgiebel und Erker. Im Erdgeschoss befanden sich die Wohn- und Geschäftsräume.

BÜCHER

OBEN | FASZINIERENDE MEERESWELT: Auf der Hafeninsel am Rande von Stralsunds Altstadt liegt das futuristisch designte Ozeaneum. Vier Baukörper, die wie vom Wasser umspülte Steine wirken sollen. UNTEN | LEBENSECHT MODELLIERT präsentieren sich im Ozeaneum die Riesen der Meere, wie ein 26 Meter langer Blauwal oder ein Pottwal, der mit einem Riesenkalmar kämpft. RECHTS | ALS »MUSEUM DES JAHRES« wurde das Ozeaneum im Jahr 2010 für sein herausragendes Ausstellungskonzept ausgezeichnet. Nur wenige Häuser in Europa bekamen bisher diesen »Museums-Oscar« verliehen.

VOM STURM GEFORMT

Starke West- und Nordwestwinde wehen vor allem im Winter über die Darßer Halbinsel. Die Bäume direkt hinter dem Strand haben sich der Macht des Windes im wahrsten Sinne des Wortes gebeugt – deshalb auch der Name Windflüchter.

OBEN | DIE SCHWEDISCHEN INSELHERREN hatten das Land schon lange verlassen, als ein Graf 1907 in Stockholm die rotbraun gestrichene Holzkirche im schwedischen Stil entdeckte, sie kurzerhand abtragen und in Ralswiek am Südufer des Großen Jasmunder Boddens wieder errichten ließ. LINKS | RÜGENS VERTRÄUMTE HALBINSEL MÖNCHGUT erhielt ihrem Namen im Mittelalter, als sie zum Land des Klosters Eldena bei Greifswald gehörte. Mönche gründeten 1455 auch die wuchtige Kirche von Middelhagen.

WEISSES GOLD

SIE KOMMEN ALS BERNSTEINSAMMLER, Laternenträger oder mit einem Donnerkeil im Gepäck: Die Rügener Kreidemännchen sind auf dem besten Weg, sich zu einem neuen Maskottchen der Insel zu entwickeln. Glücklicherweise entstehen sie nicht aus der Kreide der Kreideküste, sodass man hoffentlich noch lange auf dem Hochuferweg von Sassnitz zum Königstuhl im Jasmund-Nationalpark wandern und dabei immer neue fantastische Blicke auf die Ostsee und die Kreidefelsen erleben kann.

»KREIDEFELSEN AUF RÜGEN«: Caspar David Friedrichs berühmtes Gemälde machte die Küste vor der Halbinsel Jasmund zum Wahrzeichen der Insel. In der Ausstellung im Nationalparkzentrum Jasmund wird die Entstehung dieser einzigartigen Landschaft multimedial in Szene gesetzt: Vor Jahrmillionen sanken die Sedimente kleinster Lebewesen auf den Meeresboden ab, durch ihre Verfestigung entstand Kreidekalk. Früher verband man mit der Kreide vor allem wirtschaftliche Interessen. Um 1900 gab es mehr als 20 Produktionsstätten. Mit Hacken schlugen Arbeiter die Kreide aus der Wand, schoben sie in Loren zum Rührwerk und trennten sie von Feuersteinen und anderen Fremdstoffen. Auch heute findet die Kreide noch Verwendung, beispielsweise bei der Kabelherstellung oder als natürlicher Dünger. Seit der Wende auch wieder als Wellnessanwendung – in Bädern oder als wohltuende Packungen.

STUFEN IN DEN HIMMEL

Schweißtreibende 154 Stufen steigt die gusseiserne, mit Ornamenten verzierte Wendeltreppe auf den Turm des Jagdschlosses Granitz. Auf der Aussichtsplattform reicht der Blick bis zur Halbinsel Wittow und dem Kap Arkona, im Südosten sogar bis Usedom.

KURHAUS
125
124
123
129

NOBLES LOGIEREN

Wie ein Magnet zog das Kurhaus in Binz nach seiner Eröffnung 1908 wohlhabende Gäste aus Adel und Großbürgertum an. In der DDR überlebte der Jugendstilbau als Erholungsheim für Bergbauarbeiter. Nach der Wende wurde er aufwendig nach alten Plänen restauriert und ist heute ein Luxushotel.

STÜRME UND EISGANG hatten die alte Seebrücke von Sellin zerstört. Nach der Wende neu errichtet, warten wie früher Kaiserpavillon und Palmengarten auf Urlauber.

SPEISEN ZWISCHEN LAND UND MEER: Nach dem Flanieren am Strand trifft man sich auf Sellins Seebrücke zu Kaffee und Kuchen.

AN DEN SEEBRÜCKEN VON RÜGEN wie hier in Binz legen Ausflugsschiffe zu Inselumrundungen, Kreidetouren oder Sonnenuntergangsfahrten ab.

BLICK ZURÜCK: Von der Seebrücke in Sassnitz sieht man die feudalen Villen und Hotels am Steilufer in ihrer vollen Pracht.

FLANIERMEILEN AUF STELZEN

»SEHEN UND GESEHEN WERDEN«: Schon zu Beginn des 20. Jahrhunderts war das die Devise auf den Seebrücken der Ostseeküste. Der eigentliche Zeck der Stege auf Stelzen ging dabei bald unter: Schiffe mit starkem Tiefgang konnten hier anlegen und den Passagieren wurde das unbequeme Übersetzen im schaukelnden Beiboot erspart. Im Gefolge des Promenierens kamen später Läden, Cafés und Restaurants, wie sie heute auf den Seebrücken von Heringsdorf oder Sellin zu erleben sind. Das Meer wollte bei diesem Vergnügen immer seinen Anteil haben: Mit Stürmen und Eisgang raubte sich die See hin und wieder Teile der fragilen Bauwerke. Zu DDR-Zeiten sah man das nicht ungern, konnten die Brücken doch möglichen »Republikflüchtlingen« hilfreich sein. Nach der Wende wurde fleißig gebaut und renoviert: etwa in Heringsdorf die längste und in Ahlbeck die älteste deutschen Seebrücke.

AUCH DIE SEEBRÜCKE VON GÖHREN wurde neu errichtet. Glanzstück des 270 Meter langen Stegs ist ein Brückenhaus nach historischem Vorbild.

DUMONT EXTRA

KRANICHWANDERUNG

LAND DER GLÜCKSVÖGEL

FUTTERN FÜR DEN WEITERFLUG:
Jeden Herbst trifft man die Kraniche auf abgeernteten Feldern. Ihre Schlafplätze suchen sich die Vögel in flachen Boddengewässern.

Filipo trägt einen rot-grün-gelben Fußschmuck: Der 2004 geborene Kranich bekam zwei bunte Ringe als Erkennungszeichen und einen Sender angelegt, um seine Reisen durch Europa zu erforschen. Seitdem war Filipo viel unterwegs: Regelmäßig spürten ihn Kranichforscher in Vorpommern, Frankreich und Spanien auf, die jährliche Reiseroute dieses »Glücksvogels« – in vielen Ländern haben Kraniche eine mythische Bedeutung. Jedes Jahr im Herbst wird es eng im Luftraum über der Ostsee. Wenn die Badegäste die Strände geräumt haben, fliegt die gefiederte Ablösung ein: Zugvögel auf dem Weg nach Süden. Schon im August versammeln sich die einheimischen Kraniche an der Ostseeküste zwischen Rügen und dem Darß. Später folgen dann Brutpaare aus Skandinavien und dem Baltikum für einen mehrwöchigen Zwischenstopp beim Flug in ihr Winterquartier. Überall rechts und links der Landstraßen sieht man die Kraniche dann auf den abgeernteten Feldern. Da die modernen Erntemaschinen kaum noch Körner verlieren, wird zusätzlich Futter ausgestreut, um Konflikte mit Landwirten zu reduzieren.

Abends sammeln sich die Tiere und ziehen zu ihren Schlafplätzen im seichten Wasser der Uferbereiche, wo sie am besten vor natürlichen Feinden geschützt sind. Mehr als 60000 Vögel pilgern zum größten Kranichrastplatz Mitteleuropas dank des weitgehend intakten Ökosystems der Boddenlandschaft sowie der vielen Seen, Inseln und Feuchtgebiete. In besonders sensiblen Bereichen heißt es für die Menschen: »Wir müssen leider draußen bleiben.« Die Kraniche darf man dennoch an ausgewiesenen Stellen beobachten, zum Beispiel in der Nähe des Kranich-Informationszentrums in Groß Mohrdorf. Regelmäßig in den Abendstunden packen dort Günter Nowald und seine Kollegen ihre Ausrüstung ein und fahren an die Küste. Umgeben von Mückenschwärmen warten die Tierschützer auf ihre Schützlinge. Plötzlich ein heiseres Trompeten. »Gru Gru« schallt es aus langen Hälsen in den Abendhimmel – die ersten Tiere ziehen über die Köpfe der Menschen hinweg. Günter Nowald war verloren, als er diesen Schrei zum ersten Mal hörte. »Es war Liebe auf den ersten Ton«, sagt der promovierte Biologe. Eigentlich kam er während seines Studiums nur zu einer Exkursion an die Ostseeküste. Heute leitet er das Kranichzentrum, das WWF und Naturschutzbund NABU unterhält. Der Forscher hält einen Empfänger mit einer langen Antenne in die Luft, um die Signale der besenderten Kraniche einzufangen. Ein wichtiges Werkzeug, um Wissen über Flugrouten, Winterquartiere, Verbreitung und Brutverhalten zu sammeln. Vögel, die in Mecklenburg-Vorpommern Rast machen, werden später von Kollegen in Südeuropa erneut erfasst. »Heute kommen rund doppelt so viel Kraniche zu uns wie noch vor 25 Jahren«, sagt Nowald. Inzwischen ziehen große Schwärme in V-Formation durch den Himmel. »Siebzig«, ruft ein Mitarbeiter, der emsig mit Zählen beschäftigt ist. »Hundertzwanzig«, schallt es von seiner Kollegin. Wenn ein Schwarm zu groß ist, wird einfach geschätzt. Touristen dürfen den Forschern manchmal über die Schulter sehen. Auf mehreren Beobachtungsplattformen darf man sich auf die Lauer legen. Mit einem starken Fernglas entdeckt man dabei vielleicht sogar Filipo.

FAKTEN

Beobachtungsplattformen befinden sich am Pramort/Ostzingst, bei Bisdorf/Groß Mohrdorf und bei Tankow/Ummanz. Das Kranich-Informationszentrum stellt Naturfreunden und Tierfotografen während der Rastzeiten drei Fotoverstecke zur Verfügung (Tel. 03 83 23/8 05 40, www.kraniche.de).

VOR FÜCHSEN, WILDSCHWEINEN und Menschen schützen Kraniche ihre Brut, indem sie die Nester, die bis zu einem Meter breit werden können, ins knietiefe Wasser bauen.

ÖKONOMISCH: Die silbernen Großflügler fliegen meistens in V-förmiger Keilformation. So verringern sie den Luftwiderstand und verbrauchen weniger Energie.

DER TANZ DER KRANICHE: Mit Flügelschlagen, Zickzackläufen, wildem Umherrennen im Kreis und dem Werfen von Steinen stimmen sie sich auf die Paarung ein.

VON USEDOM BIS UCKERMARK

In den Jahrzehnten vor dem Ersten Weltkrieg erlebten die Usedomer Seebäder ihre glanzvollsten Tage. Der europäische Hochadel ist heute zwar nicht mehr präsent, der bauliche Glanz aber kehrte zurück – und mit ihm die zufriedenen Urlauber. Denn die »Kaiserbäder« waren auch damals schon nicht nur des Kaisers, sondern ganz »Berlins Badewanne«. Einen Katzensprung entfernt nur breitet sich Beschaulichkeit aus und solide Bürgerlichkeit, wie Greifswald in beispielhafter Weise dokumentiert.

BEGEHRTES MOTIV FÜR FOTO UND FILM: Auf der historischen Ahlbecker Seebrücke drehte Vicco von Bülow alias Loriot Szenen für den Film »Pappa ante Portas«. Dafür wurde die Brücke extra in frischem Weiß getüncht.

IM HAFEN VON GREIFSWALD dürfen Besucher auf alten Segelschiffen fahren und zuschauen, wie eine Planke gewechselt oder mit Pech und Werg kalfatert wird.

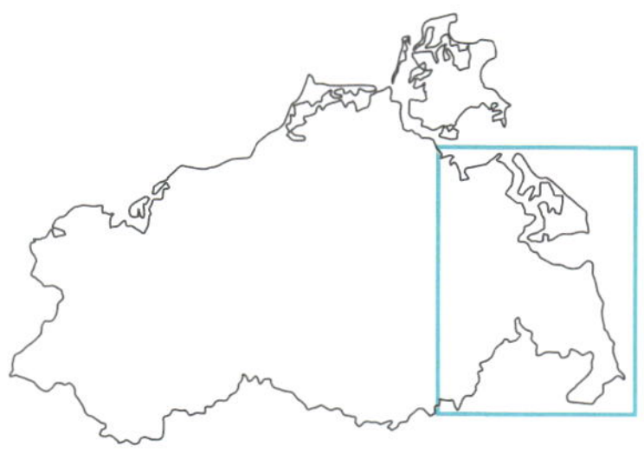

COMEBACK FÜR SOMMERFRISCHEN

Keine Frage, der Blick aus Nordwesten, von Stralsund her kommend, auf die Silhouette der Altstadt mit ihren Kirchtürmen ist der schönste: So hat schon Caspar David Friedrich die »Wiesen bei Greifswald« auf die Leinwand gezaubert. Auch im Herzen der Stadt blieb die Vergangenheit sichtbar. Sorgfältig wurden die gotischen Backsteinkirchen und die jahrhundertealten Bürgerhäuser rund um den Marktplatz restauriert – inzwischen erstrahlen weite Teile des historischen Kerns wieder in neuem Glanz und zeugen von der Blütezeit der Hansestadt. Pläne für den fast kompletten Abriss der Altstadt in der Schublade, ließ man zu DDR-Zeiten die Häuser planmäßig verfallen – Ruinen schaffen ohne Waffen, spotteten die Bürger. In den letzten Jahren hat man auch in den Rückbau der Plattenbauten investiert, mit denen in jener Zeit ganze Stadtviertel errichtet wurden.

TRADITION VERPFLICHTET Greifswald ist stolz darauf, 1299 zu den ersten Mitgliedern des Hansebundes gehört zu haben. Und auf seine Universität, die, 1456 gegründet, zu den ältesten und historisch bedeutendsten des Ostseeraums zählt. Dieser Tradition fühlt sich die Hochschule heute ebenso verpflichtet wie der Herausforderung, wissenschaftlicher Zukunftsmotor der Region zu sein. Mit ihren Schwerpunkten auf Kultur, Wirtschaft und Recht im Ostseeraum hat sich die Uni als Kompetenzzentrum für den Nordosten Europas etabliert – und zieht damit mittlerweile mehr als über 12 000 Studenten an.

KAISER WILHELM I. erdachte als junger Prinz den Namen Heringsdorf – schließlich lebten die Menschen hier vom Fischfang und Einsalzen der Heringe. Eine Büste vor der Villa Staudt erinnert an seine Besuche.

Doch an der Universität Greifswald wird nicht nur gelehrt, sondern auch intensiv geforscht, zum Beispiel im Zentrum für funktionelle Genomforschung. Dort stehen neue Diagnose- und Therapieverfahren für bislang unheilbare Krankheiten im Mittelpunkt des Interesses. Der Fachbereich Physik arbeitet in Kooperation mit dem Max-Planck-Institut an den Geheimnissen des Plasmas und möglichen Grundlagen für die zukünftige Energieversorgung.

URLAUB AUF DER SONNENINSEL Traue keiner Statistik, heißt es, aber dass es auf Usedom den meisten Sonnenschein und den wenigsten Regen in ganz Deutschland gibt, das glaubt man gerne, wenn man die Ferieninsel im äußersten Nordosten der Republik vor Ort erkundet. Doch es war nicht nur das Wetter, das Usedom vor 100 Jahren zur »Badewanne Berlins« werden ließ. Es waren auch endlose Strände mit feinem, weißem Sand und schicke Seebäder für jeden Geschmack und nicht nur für den dicken Geldbeutel – von A wie Ahlbeck bis Z wie Zinnowitz. Wenige 100 Meter abseits des Strandtreibens und der betriebsamen Promenaden breitet sich ein beschauliches Hinterland für geruhsame Wanderungen und Naturgenuss aus. Es ist das Wasser, das dieses Hinterland prägt, vor allem das Achterwasser, das die Inselmitte bei Koserow zu einer nur 300 Meter breiten Landbrücke zusammenschnürt.

WO »WILLEM ZWO« STAMMGAST WAR

Logiert hat Kaiser Wilhelm zwar meist in Heringsdorf. Da die kilometerlange Promenade, auf der die Exzellenzen flanierten, aber bis nach Ahlbeck und Bansin führt, werben die drei nicht zu Unrecht gemeinsam als »Kaiserbäder« um Urlauber.

Ahlbeck liegt direkt an der Grenze, die die Insel seit 1945 teilt, und war schon immer mehr populäres Familien- als elitäres Nobelbad. Aber Wilhelm II. weilte dreimal hier, und so tischt ein Hotel am Ort bei Gelegenheit ein zehngängiges Kaisermenü nach einer Originalspeisekarte von 1906 auf – zum Dessert gibt es eine »Hohenzollernbombe«.

Heringsdorf ist das vornehmste der Usedomer Seebäder. Die Prominenz verlangte standesgemäße Quartiere. So entstand Villa um Villa – die eine verspielt, die andere elegant, nicht wenige protzig, eine ebenso kitschige wie wunderschöne Mischung aller möglichen Stile. »Heringsdorf besteht nur aus Säulen«, witzelte Heinrich Mann 1923. In den Goldenen Zwanzigern war das Nizza der Ostsee sommerlicher Treffpunkt für Künstler und Intellektuelle. Damals führte noch die Kaiser-Wilhelm-Brücke ins Meer hinaus. Seit 1995 hat Heringsdorf eine neue Seebrücke – 50 Meter östlich der alten. Mit 508 Metern ist sie die längste des Kontinents und hat zumindest dies ihrer berühmten Schwester in Ahlbeck voraus.

Bansin ist das kleinste und ruhigste im Bunde der Kaiserbäder, aber mindestens so

FRISCH AUS DER OSTSEE kommt der Fisch in vielen Häfen auf Usedom. Geräuchert und eingelegt, im Fischbrötchen und vom Grill lässt er sich überall genießen – oder selbst zubereitet am Lagerfeuer.

ATLANTIS DES NORDENS

elegant. 1923 wurde hier ein neues Kapitel Bädergeschichte aufgeschlagen: Die Gäste brauchten nicht mehr hinter Badekarren oder Badehäusern versteckt ins Wasser zu tauchen, sondern konnten sich frei und ungezwungen in die Wogen stürzen.

SUCHE NACH DER VERLORENEN STADT Wo Vineta tatsächlich lag, werden wir wohl nie erfahren. So können gleich mehrere Orte darum wetteifern, Schauplatz der mittelalterlichen Tragödie gewesen zu sein: Irgendwann soll die unermesslich reiche Stadt, in der die Schweine aus goldenen Trögen fraßen, im Meer versunken sein – als Strafe für Hochmut und die Prunksucht ihrer Bürger. So berichten es alte Sagen. Weil die Forschung das baltische Atlantis lange vor der Odermündung vermutete, gibt es in Zinnowitz jedes Jahr zwei Monate im Sommer die Vineta-Festspiele. Früher ging es auf der Freilichtbühne noch »klassisch« zu. Inzwischen aber inszeniert man eine spektakuläre Show mit Laser, Musik und Tanz, in der man die Sage längst weitergesponnen hat.
Das Usedomer Seebad hat aber Konkurrenz bekommen, seit ein paar Forscher die These aufstellten, Vineta sei im Barther Bodden versunken. Archäologisch untermauert ist weder die eine noch die andere Stelle – und das ist wohl auch besser so. Sonst würde Vineta vielleicht zu einer gewöhnlichen slawischen Siedlung zusammenschrumpfen – und alles Sagenhafte bliebe auf der Strecke.

EROBERUNG DES WELTRAUMS Berühmt, aber auch berüchtigt ist Peenemünde als Wiege der Raumfahrt. Von 1936 bis 1944 arbeiteten in der größten Hightech-Schmiede des Nazi-Reichs etwa 1500 Wissenschaftler und Ingenieure, darunter auch Wernher von Braun, sowie Tausende von Zwangsarbeitern an der Entwicklung von Hitlers »Wunderwaffe« V2. Im Oktober 1942 gelang der erste Start einer Rakete mit Strahlantrieb, die sich ihrem Ziel auf einer Bahn außerhalb der Erdatmosphäre näherte – die Geburtsstunde der modernen Raumfahrt. Das Historisch-Technische Informationszentrum in den Überbleibseln der Versuchsanlagen dokumentiert heute nicht nur die Anfänge der Raketenforschung, sondern auch die Kriegsopfer und das Wettrüsten der Nachkriegszeit. Ein ausgemustertes U-Boot dient als Maritim Museum. Das kleine Peenemünde – ein Wallfahrtsort für Technikbegeisterte.

TÖDLICHE FORSCHUNG: Als »Vergeltungswaffen« bezeichneten die Nationalsozialisten ihre V2-Raketen. Tausende wurden bis März 1945 auf Städte in England, Belgien und Frankreich abgefeuert. Zu DDR-Zeiten war Peenemünde ein hermetisch abgeschirmtes militärisches Sperrgebiet. Die in der Heeresversuchsanstalt Peenemünde entwickelte Technik war Vorbild für alle späteren Raketenentwicklungen.

HOLLÄNDISCHE VORBILDER

120 Jahre alt und noch gut in Schuss: Jede Stunde öffnet der Brückenmeister per Hand die hölzerne Klappbrücke von Wiek, einem der ältesten Fischerdörfer Norddeutschlands mit hübschen reetgedeckten Häusern, das heute zu Greifswald gehört.

OBEN | AUSSEN BACKSTEIN, innen eine prächtige Ausstattung aus mehreren Epochen: Neben vielen Bildern, Epitaphien, Holzarbeiten und Grabplatten sind in St. Nikolai in Greifswald 21 Kapellen zu sehen. RECHTS | LANGER NIKOLAUS nennen die Greifswalder ihren Dom, den die Hansestadt im 13. und 14. Jahrhundert erbauen ließ. Die Aussichtsplattform des Turms bietet einen großartigen Blick über die Altstadt.

Kein Uni-Abbau
zur UNI
Kein Uni-Abbau

KEIMBLATT DER NATURKOSTLADEN KEIMBLATT

OBEN | SCHON FAST DEM VERFALL PREISGEGEBEN war die Klosterruine von Eldena, als Caspar David Friedrich sie zeichnete. Die verwunschen wirkende Kulisse malte er später immer wieder. LINKS | GAR NICHT SO LEICHT, einen Aal zu fangen: Auf dem Fischmarkt in Greifswald wird heute kein Fisch mehr verkauft. Nur der Brunnen mit Figuren aus der Welt der Seeleute erinnert noch an die gute alte Zeit.

NORDDEUTSCHER IKARUS

Fliegen wie ein Vogel wollte Otto Lilienthal. 1891 glitt er mit einem Apparat, der an eine riesige Fledermaus erinnerte, stolze 25 Meter durch die Lüfte. Im Otto-Lilienthal-Museum der Stadt Anklam kann man sich wie der große Pionier fühlen und sich kühn an ein solches Flugobjekt hängen.

OBEN | IM BUCHENWALD über der wildromantischen Steilküste von Koserow soll sich der legendäre Seeräuber Klaus Störtebeker versteckt haben. Vielleicht haben aber auch nur alte Seemänner ihr Garn gesponnen. UNTEN | WOLKENLOSE NÄCHTE an der Strandpromenade von Heringsdorf: In der Volkssternwarte Manfred von Ardenne verraten Saturn, Plejaden, Schwan und Zwillinge dann vielleicht ihre Geheimnisse. RECHTS | VIELE ORTSVERBINDUNGEN AUF USEDOM werden noch von Alleen begleitet. Deren Schutz ist sogar in der Landesverfassung Mecklenburg-Vorpommerns verankert.

MECKLENBURG-VORPOMMERN AUF EINEN BLICK

SEHENSWERTES VON A BIS Z | WISSENSWERTES

146
MECKLENBURGS WESTEN

148
DAS SEENLAND

150
MECKLENBURGISCHE SCHWEIZ

152
ROSTOCK UND UMGEBUNG

154
VON FISCHLAND BIS RÜGEN

156
VON USEDOM BIS UCKERMARK

157
DATEN UND FAKTEN
GESCHICHTE

DUMONT KARTE
S. 96–125
VON FISCHLAND BIS RÜGEN
S. 80–95
ROSTOCK UND UMGEBUNG
S. 58–79
MECKLENBURGISCHE SCHWEIZ
S. 126–143
VON USEDOM BIS UCKERMARK
MECKLENBURGS WESTEN
S. 38–57
DAS SEENLAND
Putgarten
Insel Hiddensee
Insel Rügen
Sassnitz
Zingst
Bergen auf Rügen
Binz
Barth
Putbus
Stralsund
Ribnitz-Damgarten
Kühlungsborn
Bad Doberan
Rostock
Greifswald
Zinnowitz
Wolgast
Insel Poel
Wismar
Demmin
Anklam
Güstrow
Malchin
Ueckermünde
Reuterstadt Stavenhagen
Krakow am See
Schwerin
Neubrandenburg
Waren/Müritz
Malchow
Plau am See
Parchim
Müritz
Röbel/Müritz
Neustrelitz
Ludwigslust

MECKLENBURGS WESTEN

BOLTENHAGEN
Beliebtes Familienbad mit 4,5 km langem, flachem Sandstrand. Die naturbelassene Strandpromenade (3 km) führt zur 290 m langen Seebrücke.

SEHENSWERT Alte, reetgedeckte **Hallenhäuser** (z. T. 17. Jahrhundert) in Alt-Boltenhagen. **Steilküste** bei Redewisch mit Aussichtspunkt Großklützhöved (3 km nordwestlich).

UMGEBUNG VON BOLTENHAGEN
Über das hübsche Städtchen **Klütz** (4 km südlich) mit seinem Barockschloss Bothmer führt der Weg u. a. nach **Kalkhorst** (14 km westlich) mit Schloss und Park (1853–1889) sowie einer großen Dorfkirche (14. Jahrhundert), nach **Kussow** (10 km südlich) mit Steinzeitdorf-Freilichtmuseum (www.steinzeitdorf-kussow.de) und in den **Everstorfer Forst** (15 km südöstlich) mit zahlreichen Hünengräbern (archäologischer Lehrpfad). **Schloss Bothmer,** die größte barocke Schlossanlage des Landes, ist vor allem wegen der über 250 Jahre alten Lindenallee und des inzwischen wieder gut gepflegten Parks bekannt. Am 1726–1732 nach dem Vorbild Blenheim Palace gebauten Schloss nagt, obwohl es unter Denkmalschutz steht, der Zahn der Zeit – für die Restaurierung fehlt das Geld. Trotzdem findet der ›Musiksommer Mecklenburg-Vorpommern‹ hier eine herrliche Kulisse für seine alljährlichen Konzerte im Schlosspark – eine gute Gelegenheit, den Privatbesitz, der auch schon als Fernsehkulisse gedient hat, zumindest von außen zu besichtigen (www.schloss-bothmer.info).

DÖMITZ
Anstelle einer Burg aus dem 13. Jahrhundert wurde bis 1565 am Elbufer nach dem Ideal einer Renaissancezitadelle die Festung aus Backstein errichtet.

SEHENSWERT Die **Festung** mit ihrem prächtigen Tor und einem Museum (www.festung-doemitz.de).

UMGEBUNG VON DÖMITZ
Zwischen Dömitz und Boizenburg erstreckt sich der 400 km^2 große Naturpark Elbetal, Teil des UNESCO-Biosphärenreservats Flusslandschaft Elbe; Infos im Nabu-Besucherzentrum, Festung Dömitz (www.nabu-elbtalaue.de) und in der Naturparkstation in Boizenburg.

LUDWIGSLUST
Bis vor 250 Jahren gab es nur ein Dorf und ein Jagdschlösschen. Nachdem Herzog Friedrich 1756 den Thron bestiegen hatte, ließ er sich inmitten der Griesen Gegend sein Klein-Versailles errichten – eine Entscheidung, die auch wirtschaftliche Belebung bringen sollte.

SEHENSWERT Im spätbarocken **Schloss** (1772–1776) der Goldene Saal, der Gardesaal und eine wertvolle Gemälde-, Miniaturen- und Waffensammlung (www.schloss-ludwigslust.de). Der **Schlosspark** mit barocken Wasserspielen (Kaskade) und Bauwerken aus der Zeit um 1800 (u. a. Helenenkirche, Louisenmausoleum und Schweizerhaus), der größte (1,3 km^2) und einer der schönsten Mecklenburgs, wurde nach Plänen Lennés zum Landschaftspark umgestaltet (1852–1860). Die **Schlosskirche** (1765–1770, heute Stadtkirche) ist reich mit vergoldetem Pappmachee-Zierrat ausgestattet. Die **Stadt** steht unter Denkmalschutz.

UMGEBUNG VON LUDWIGSLUST
Neustadt-Glewe (8 km nordöstlich) und **Parchim** (30 km nordöstlich) sind reizvolle Ziele für Wasserwanderer auf der Müritz-Elde-Wasserstraße. Neustadt-Glewe besitzt eine gut erhaltene Burganlage (14./15. Jahrhundert), heute Museum, Kulisse für das Burgfest Mitte Juni und Märchenburg im Advent. Auf dem **Landgestüt Redefin** (25 km westlich), einer klassizistischen Anlage, gibt es Gastboxen, Unterkünfte und die berühmten Hengstparaden (www.landgestuet-redefin.de).

POEL
Wer ruhig und stressfrei an der See urlauben will, ohne auf Sport- und Freizeitangebote zu verzichten, ist auf der Insel Poel gut aufgehoben, besonders mit kleinen Kindern.

SEHENSWERT In **Kirchdorf** die Wallanlagen des einstigen Schlosses, Kirche (13./14. Jahrhundert) und Fischereihafen, in **Timmendorf** Hafen und Leuchtturm. Am **Schwarzen Busch** Gedenkstätte Cap Arcona; 1945 starben beim Untergang zweier Schiffe 7000 KZ-Häftlinge. Poel und die in Sichtweite liegenden Naturschutzinseln Langenwerder und Walfisch bieten hervorragende Lebensbedingungen für viele Wat- und Wasservögel.

RERIK
Freundliches Familienbad, das neben der Ostsee mit dem flachen Salzhaff ein hervorragendes Wassersportrevier bietet.

SEHENSWERT Die **Johanneskirche** (um 1250) hat eine für Norddeutschland ungewöhnlich reiche barocke Ausmalung. Ortsmaskottchen »Eric« (Holzskulptur am Strand). Das **Heimatmuseum** macht mit der Badegeschichte vertraut (u. a. alter Badekarren).

SCHWERIN
Die Landeshauptstadt ist seit ihrer Gründung 1160 politisches und kulturelles Zentrum Westmecklenburgs.

SEHENSWERT Rund 500 Jahre lang (bis 1918) residierten hier die Herzöge von Mecklenburg-Schwerin, die samt Hofstaat und Beamtenapparat die heute fußgängerfreundliche **Altstadt** prägten. Das **Schloss** auf einer Insel zwischen Burgsee und Schweriner See, ursprünglich im 16. Jahrhundert errichtet, wurde 1845–1857 fast vollständig neu gestaltet. Heute ist der von Türmen bekrönte Neorenaissancebau Sitz des Landtags. Die Prunkräume und die Wohnung der Großherzöge können besichtigt werden. Die **Gartenanlage** auf der Schlossinsel mit Grotte und Orangerie entstand nach Plänen des Gartenarchitekten Joseph Peter Lenné;

SEHENSWERTES

ein ausgedehnter Schlossgarten liegt südlich der Schlossinsel. Im Uferbereich nördlich der Schlossinsel, rund um den Platz Alter Garten, das **Alte Palais** (Fachwerk, 1791–1799), das **Staatstheater** (Neorenaissance und -barock, 1883–1886), das Galeriegebäude des **Staatlichen Museums** (spätklassizistisch, bis 1882) und der **Marstall** (1838–1843; Ministerien und Museum). Den **Dom** (13.–16. Jahrhundert) überragt sein 117,5 m hoher neugotischer Turm (1889–1893). Östlich vom Pfaffenteich, einem ehemaligen Wasserspeicher, liegt die **Schelfstadt** mit Gebäuden aus der Barockzeit. **Staatliches Museum Schwerin** mit Schlossmuseum (www.museum-schwerin.de). Im **Galeriegebäude** u. a. bedeutende Sammlung niederländischer Maler des 16./17. Jahrhunderts (Alter Garten 3), außerdem Kupferstich- und Münzkabinett (Werderstr. 141). **Technisches Landesmuseum** (www.tlm-mv.de).

UMGEBUNG VON SCHWERIN Das **Mecklenburgische Volkskundemuseum** in Schwerin-Mueß (Freilichtmuseum) mit über 17 Gebäuden zeigt Sammlungen zum ländlichen Leben und zur Binnenfischerei; von hier führt ein Wanderweg (Franzosenweg) nach Zippendorf und Mueß, im Sommer gibt es auch eine Schiffsverbindung. In **Wittenburg** (25 km südwestlich) bietet der Snow Fun Park sportliches Vergnügen nicht nur der winterlichen Art (www.snowfunpark.com).

WISMAR Ihre Blütezeit erlebte die Hansestadt vom 13. bis 16. Jahrhundert als Seehafen. 70-mal trafen sich die Vertreter des Hansebundes in ihren Mauern. 1648 geriet sie unter schwedische Herrschaft, wurde zur Festung ausgebaut und kam erst 1903 endgültig an Mecklenburg zurück. Dank der gut erhaltenen historischen Altstadt, von der UNESCO als Weltkulturerbe anerkannt, hat sich der Tourismus neben Hafen und Schiffbau als wirtschaftliches Standbein etabliert.

SEHENSWERT Mittelpunkt der Altstadt ist der 10 000 m² große **Marktplatz** mit der **Wasserkunst,** einem Renaissancepavillon (1602), von dem aus die Bürger bis vor 100 Jahren mit Trinkwasser versorgt wurden. Nebenan der **Alte Schwede,** Wismars ältestes Haus (um 1380; Restaurant), an der Nordseite das klassizistische **Rathaus** (1817–1819). Von den drei spätgotischen Hauptkirchen überstand nur **St. Nikolai** (1459 geweiht) mit seinem 37 m hohen gotischen Mittelschiff (Schnitzaltäre aus dem 15. Jahrhundert) den Krieg. Von **St. Marien** steht nur noch der 80 m hohe Westturm. **St. Georgen** (14./15. Jahrhundert) wird zurzeit wieder aufgebaut. Die äußerlich schlichte Heilig-Geist-Kirche (14. Jahrhundert) beeindruckt u. a. durch barocke Deckenmalereien (1678). Sehenswert sind auch das **Wassertor** (letzter erhaltener Rest der Befestigung, um 1450) sowie das **Stadtgeschichtliche Museum** im Schabbellhaus (www.schabbellhaus.de). Das **Technische Landesmuseum** dokumentiert die Technikgeschichte des Bundeslandes (www.tlm-mv.de).

WISMAR, WASSERKUNST

DAS SEENLAND

FELDBERG In der Stadt mitten in der Feldberger Seenlandschaft lebte der Schriftsteller Hans Fallada von 1933 bis 1945 und schrieb hier zahlreiche seine Werke wie zum Beispiel »Wer einmal aus dem Fressnapf frisst«.
SEHENSWERT Die **Feldberger Seenlandschaft** bietet mit ihren Wäldern, sandigen Ebenen, klaren Seen und versteckten Mooren vielen seltenen Tier- und Pflanzenarten Lebensraum. Vom Reiherberg (143 m) hat man einen schönen Blick über den Haussee auf Feldberg und auf den Breiten Luzin.

LÜBZ Die kleine Stadt an der Elde ist für ihre Bierbrauerei (seit 1877) bekannt und wurde hübsch restauriert.
SEHENSWERT Rest der Lübzer Eldenburg ist der **Amtsturm** (14. Jahrhundert), heute Stadtmuseum.

UMGEBUNG VON LÜBZ Die Elde-Schleuse (1925) bei **Bobzin** (2 km nordöstlich) ist mit 6,80 m Hub die tiefste Schleuse Mecklenburgs. Die Kirche der um 1220 von Benediktinern gegründeten Klosteranlage in **Dobbertin** (20 km nördlich) wurde vom Schweriner Hofbaumeister Demmler bis 1837 nach Plänen von Karl Friedrich Schinkel neugotisch umgestaltet (www.kloster-dobbertin.de).

MALCHOW Die Inselstadt (6900 Einw.) feiert sich als ›Perle der Mecklenburgischen Seenplatte‹. Das einstige Mecklenburgische Manchester hat auf Tourismus umgesattelt und entwickelt sich zu einem attraktiven Heilbad. Der alte Stadtkern ist über einen Erddamm und eine Drehbrücke mit dem Festland verbunden.
SEHENSWERT Von dem ehemaligen **Nonnenkloster** (1298 gegründet), nach der Reformation in ein Damenstift umgewandelt, ist außer dem historischen Kreuzgang und dem Engelschen Garten (1856 fertiggestellt) nur noch die neugotische Klosterkirche (1888 bis 1890) erhalten; sie beherbergt das **Mecklenburgische Orgelmuseum** (www.orgelmuseum-malchow.de). Das **DDR-Museum** im ehemaligen Filmpalast (1957) dokumentiert Alltagsgeschichte (Kirchenstr. 25); außerdem ein **Stadt- und Heimatmuseum** (Klosterstr. 47). In der **Stadtmühle,** einer rekonstruierten Windmühle (um 1870), wird jedes Jahr zu Pfingsten ein Mühlenfest gefeiert (Friedrich-Ebert-Straße).

UMGEBUNG VON MALCHOW In **Alt Schwerin** (10 km westlich) das Agrarhistorische Museum in einem ehemaligen Gutsdorf (Dorfstr. 21, www.museum-alt-schwerin.de). In **Sparow** (5 km nördlich) veranschaulicht ein rekonstruierter Teerofen das Handwerk des Teerschwelens. Der **Naturpark Nossentiner/Schwinzer Heide** (360 km²) nördlich von Malchow ist mit seinen 60 Seen und ausgedehnten Waldgebieten ebenso artenreiches Refugium für Fauna und Flora wie attraktives Erholungs- und Wandergebiet. Als reine Kunstlandschaft wirbt in **Göhren-Lebbin** (5 km östlich) dagegen das Land Fleesensee u. a. mit Schlosshotel, Golfplatz und Relax Therme um Gäste (www.fleesensee.de).

MIROW Seine besonderen Reize erhält das Städtchen an der Müritz-Havel-Wasserstraße durch die wasser- und waldreiche Umgebung und das Erbe der Herzöge von Mecklenburg-Strelitz, die sich hier eine Sommerresidenz einrichteten.
SEHENSWERT Auf der Schlossinsel entstand aus einer Johanniterkomturei das Schloss (1749–1752). Erhalten sind u. a. das **Renaissancetorhaus** (1588), das **Barockschloss** (wird zurzeit restauriert) und die ursprünglich gotische **Johanniterkirche** mit der Fürstengruft, in der alle Mecklenburg-Strelitzer Fürsten mit Ausnahme des letzten beigesetzt sind. Adolf Friedrich VI. liegt auf der Liebesinsel begraben.

RATHAUS IN NEUSTRELITZ

UMGEBUNG VON MIROW Der Müritzflugplatz in **Rechlin-Lärz** (5 km nordwestlich) bietet Rundflüge über die Seenplatte an. Zu **Rechlin** (10 km nördlich) gehört die Marina Hafendorf Claassee an der Südspitze der Müritz (Boots-Charter). Bei **Granzow** (4 km nördlich) liegt das Arboretum Erbsland, ein Forstgarten mit ausländischen Baumarten wie zum Beispiel Küstenmammutbäumen.

NEUSTRELITZ 1733 als Residenz der Herzöge von Mecklenburg-Strelitz gegründet (bis 1918), hat die Stadt im Herzen der mecklenburgischen Kleinseenplatte viel von ihrem Charakter des 18. und 19. Jahrhunderts bewahrt.
SEHENSWERT Die spätbarocke **Stadtanlage** mit ihrem achtstrahligen Straßenstern am Markt erkennt man am besten vom Turm der Stadtkirche (1778, 1831) aus. Das denkmalgeschützte Stadtbild rund um den Marktplatz ist von der klassizistischen Architektur des

Schinkel-Schülers Friedrich Wilhelm Buttel geprägt; dazu gehören das **Rathaus** (1841–1843) und der Turm der Stadtkirche. Zwar wurde das Schloss 1945 zerstört, der **Schlossgarten** aber blieb erhalten. Im 19. Jahrhundert zum Landschaftspark im englischen Stil erweitert, bildet er heute mit vielen Skulpturen, Wasserspielen, alten Bäumen und romantischen Wegen die Hauptattraktion der Stadt. Die **Orangerie** (1755 errichtet, 1842 umgestaltet), der **Luisentempel** (1892), der **Marstall** (1872) und die **Schlosskirche** (1855–1859) sind die architektonischen Perlen des Schlossgartens. Das ehemalige herzogliche Jagdrevier liegt heute im Stadtzentrum und dient als **Tiergarten.** Die **Alte Kachelofenfabrik** ist heute Kulturzentrum u. a. mit Galerie und Kino. Im **Stadtmuseum** Stadt- und Regionalgeschichte (Schlossstr. 3). Am Ufer des Zierker Sees wurde ein **Slawendorf** nachgebaut und ein Skulpturen- und Kunstpfad eingerichtet.

PLAU AM SEE Die ursprünglich slawische Siedlung (Plawe) erhielt 1235 Stadtrecht, spielte im 19. Jahrhundert als Industriestandort eine wichtige Rolle in der Region und profitiert heute als Luftkur- und Urlaubsort (5800 Einw.) von seiner schönen Lage am Westufer des zur **Mecklenburgischen Seenplatte** gehörenden Plauer Sees und an der Müritz-Elde-Wasserstraße.

SEHENSWERT Historischer **Stadtkern** mit Rathaus (1889, Neorenaissancestil), Burgturm (15. Jahrhundert, mit 11 m tiefem Verlies) und vielen Fachwerkhäusern. Beeindruckende technische Denkmale sind die **Hubbrücke** über die Elde (1916) und die **Schleusenanlage** (1834) mit darüber führender Hühnerleiter (Holzbrücke). Dem in Plau geborenen Bildhauer **Wilhelm Wandschneider** (1866–1942) ist ein Museum gewidmet (Kirchplatz 3, www.bildhauermuseum-plau.de).

UMGEBUNG VON PLAU AM SEE Die Leinen- und Filzmanufaktur in **Retzow** (12 km südlich) ist im Fachwerkhaus Ülepüle untergebracht (Am Dorfplatz 49, www.plau.de).

RÖBEL/MÜRITZ Das einst verschlafene Landstädtchen hat sich inzwischen zu einem der touristischen Zentren der Müritz-Region gemausert und dem Konkurrenten Waren eines sogar voraus: das große Spaß- und Erlebnisbad Müritz-Therme.

SEHENSWERT Die frühgotische **Marienkirche** (um 1235 begonnen) ist eine der ältesten Hallenbacksteinkirchen des Landes und bietet von der Turmplattform (68 m) den besten Ausblick weit und breit; wenig später entstand die **Nikolaikirche** (Chorgestühl um 1520). In der Altstadt stehen noch viele restaurierte **Fachwerkhäuser.** Am alten Bahnhof engagiert sich ein Verein beim Aufbau eines Bahnmuseums.

UMGEBUNG VON RÖBEL/MÜRITZ In **Bollewick** (2 km südlich) ist in der größten Feldsteinscheune Norddeutschlands (120 x 34 m; um 1880 gebaut) ein Kunsthandwerker-Zentrum entstanden. In **Ludorf** (5 km östlich) steht noch ein mittelalterliches Gutsensemble mit Gutshaus (denkmalgeschützt, heute Hotel), Burgwall und Kirche (1346 geweiht), deren achteckige Form für Norddeutschland einzigartig ist. In **Wredenhagen** (12 km südlich) kann man einen Adler- und Falkenhof besichtigen.

WAREN/MÜRITZ Die ›Hauptstadt‹ der Mecklenburgischen Seenplatte liegt am Nordufer der Müritz. Zwei weitere Seen am Stadtrand und der unmittelbar angrenzende Müritz-Nationalpark umgeben den Luftkurtort mit reiner Natur. Mit mutigen Investitionen in die Altstadtsanierung und dem Bau eines attraktiven Jachthafens hat sich die Kreisstadt den touristischen Spitzenplatz in der Region gesichert.

SEHENSWERT Zentren der Altstadt sind der Alte Markt mit **Altem Rathaus** (14. Jahrhundert) und **Georgenkirche** (13. Jahrhundert) und der Neue Markt mit **Neuem Rathaus** (1797 im Stil der Tudorgotik), **Löwen-Apotheke** (18. Jahrhundert, Fachwerk) und **Marienkirche** (13. Jahrhundert; schöner Blick vom Turm). Am Hafen mit der (Promenier-)Mole steht noch ein ehemaliger Speicher. Im 1866 gegründeten Naturhistorischen Landesmuseum, heute **Müritzeum,** ist ein modernes multimediales NaturErlebnisZentrum untergebracht mit großem Museumsgarten (Zur Steinmole 1, www.mueritzeum.de).

UMGEBUNG VON WAREN/MÜRITZ In **Klink** (6 km südlich) steht direkt am Müritzufer ein verspieltes Schlösschen, das sich der Schriftsteller Arthur Schnitzler 1896–1898 hatte bauen lassen (heute Hotel), und eine modernisierte Urlaubersiedlung aus DDR-Tagen. Bei **Jabel** (10 km westlich) ist das Wisentgehege **Damerower Werder** (www.wisentinsel.de) interessant.

WAREN AN DER MÜRITZ

MECKLENBURGISCHE SCHWEIZ

ALTENTREPTOW Die im 13. Jahrhundert planmäßig angelegte Stadt liegt schön ins reizvolle Tollensetal eingebettet.
SEHENSWERT Das Naturdenkmal **Großer Stein,** ein gewaltiger Granitbrocken (8 m lang, 6 m breit und 5 m hoch), bringt rund 360 t auf die Waage und gilt als größter Eiszeit-Findling auf dem deutschen Festland. Inmitten von Fachwerkhäusern steht die **Petrikirche** (14. und 19. Jahrhundert) mit einem schönem spätgotischen Schnitzaltar (15. Jahrhundert).

UMGEBUNG VON ALTENTREPTOW
Bei **Weltzin** (5 km nördlich) bietet der Naturerlebnispark Mühlenhagen Wild- und Haustiere, Streichelgehege, Naturspielplatz und vieles mehr (www.nep-muehlenhagen.de).

DEMMIN Die kleinste im Bunde der sechs Hansestädte im Land spielt zwar nicht in der gleichen Liga wie Rostock oder Stralsund; die Stadt lohnt aber durchaus für einen Ausflug.
SEHENSWERT Wahrzeichen ist die Backsteinkirche **St. Bartholomaei** (ursprünglich 13. Jahrhundert, bis 1867 nach Plänen Schinkels umgestaltet, Sommerkonzerte) mit ihrem 92 m hohen Turm. Das historische Rathaus (18./19. Jahrhundert, 1945 abgebrannt) wurde 1997/1998 wieder aufgebaut. Die **Backsteinspeicher** am Peenehafen erinnern an früheren Getreideumschlag; ein restaurierter Speicher beherbergt das **Kreisheimatmuseum.** Außerdem Luisentor, Pulverturm und Reste der Stadtmauer (14. Jahrhundert).

UMGEBUNG VON DEMMIN In der durch Demmin fließenden **Peene** hat man 56 Fischarten gezählt – ein großartiges Revier für Angler und Wasserwanderer, ebenso die hier in die Peene mündenden Flüsschen Tollense und Trebel. In **Dargun** (12 km westlich) steht die denkmalgeschützte Ruine eines ehemaligen Zisterzienserklosters (1172 gegründet), im Sommer eindrucksvolle Kulisse für Konzerte.

GÜSTROW ›Barlachstadt‹ nennt sie sich und trägt das Pfund, mit dem sie wuchern kann, bereits im Namen: das künstlerische Werk des Bildhauers und Malers Ernst Barlach (1870–1938), der seiner Wahlheimat ein umfangreiches Erbe hinterließ. Auch sonst hat die im 18. Jahrhundert als Klein-Paris gerühmte einstige Residenz- und heutige Kreisstadt einiges zu bieten.
SEHENSWERT Auf eine wechselvolle Geschichte blickt Mecklenburgs bedeutendstes **Renaissanceschloss** (1558–1598) zurück – erst Residenz, dann u. a. Kaserne und Gefängnis, heute Museum (www.schloss-guestrow.de). Zahlreiche klassizistische Bauten säumen den **Markt** und die umliegenden Straßen, darunter das **Rathaus** (Fassade von 1798) und das **Theater** (1828, ältester erhaltener Theaterbau des Landes; heute Gastspielhaus ohne eigenes Ensemble). Im gotischen **Dom** (13./14. Jahrhundert; Flügelaltar von 1495, Apostelfiguren um 1530, Grabstätten der Herzöge; www.dom-guestrow.de) Barlachs berühmte Plastik »Der Schwebende« (ursprünglich 1927, Original von Nationalsozialisten eingeschmolzen, deshalb Kopie von 1953). In der spätgotischen **Marienkirche** (ursprünglich 14. Jahrhundert, nach Brand 1503–1508 wieder aufgebaut) Barlachs Relief »Engel der Hoffnung«. Am Franz-Parr-Platz, benannt nach dem Baumeister des Schlosses, residiert das **Stadtmuseum.** In der **Gertrudenkapelle** (15. Jahrhundert) wurde 1953 die Ernst-Barlach-Gedenkstätte mit einer Ausstellung vieler seiner Werke eröffnet. Den umfangreichsten Einblick in das Werk des Künstlers präsentiert die Barlach-Stiftung in seinem **Atelierhaus** am Inselsee und dem modernen Ausstellungsforum (1998) daneben (www.ernstbarlach-stiftung.de).

FENSTER, MARIENKIRCHE IN GÜSTROW

UMGEBUNG VON GÜSTROW Von Dutzenden kleiner Seen ist **Sternberg** (30 km nordwestlich) umgeben; Hauptattraktion ist das Freilichtmuseum im Ortsteil **Groß Raden,** eine nach Originalfunden rekonstruierte Slawensiedlung des 9./10. Jahrhunderts (www.gross-raden.de). Landschaftlich reizvoll liegt **Krakow am See** (18 km südlich) mit schönem Blick vom Jörnberg (78 m, Aussichtsturm) und dem Gourmettempel ›Ich weiß ein Haus am See‹. In **Kuchelmiß** (4 km östlich von Krakow) gibt es eine historische Wassermühle.

MALCHIN Das wertvollste Kapital des Städtchens ist seine zauberhafte Lage.
SEHENSWERT Vom Turm der gotischen **Johanniskirche** (1440) herrlicher Blick übers Land. Von der mittelalterlichen **Stadtmauer** überstanden nur Steintor (14. Jahrhundert) und Kalensches Tor (15. Jahrhundert) die Zerstörungen 1945.

UMGEBUNG VON MALCHIN Im Norden erstreckt sich die Hügelkette der Mecklenburgischen Schweiz, im Südwesten liegt der Malchiner, im Nordosten der Kummerower See, an ihnen entlang baumgesäumte

Teilstücke der **Deutschen Alleenstraße** – die Landschaft lädt zum Wandern, Radeln, Baden und Genießen ein. In **Basedow** (10 km südwestlich) am Malchiner See eine gotische Dorfkirche aus dem 13. und 15. Jahrhundert und ein sehenswertes **Renaissanceschloss** (16. Jahrhundert) mit einem von Peter Joseph Lenné gestalteten Park.

NEUBRANDENBURG Wirtschaftlich und kulturell ist die drittgrößte Stadt des Landes von regionaler Bedeutung.

SEHENSWERT Trotz flächendeckender Zerstörungen im Zweiten Weltkrieg ist das Grundraster der historischen **Altstadt** noch zu erkennen, wie der Blick von der Aussichtsplattform (56 m) auf dem Haus der Kultur und Bildung deutlich macht. Weitgehend erhalten blieb die mittelalterliche **Stadtbefestigung.** Die bis zu 7 m hohe und 1,4 m dicke Ringmauer aus Feldsteinen ist 2300 m lang und umschließt den 40 ha großen Stadtkern. Charakteristisch sind die **Wiekhäuser,** direkt in die Mauer eingelassene, weit vorspringende Wehrtürme, die nach dem Dreißigjährigen Krieg zu Armenwohnungen umgebaut wurden. 25 der ursprünglich 56 Wiekhäuser sind restauriert worden; heute beherbergen sie öffentliche Einrichtungen und Werkstätten von Kunsthandwerkern. Auch vier **Stadttore** gibt es noch: Das Friedländer Tor mit seinem Turm ist das markanteste (um 1400). Das Treptower Tor ist mit seinem 32 m hohen Haupttor das höchste (im Turm das **Regionalmuseum**), das Stargarder Tor, mit Terrakottafiguren und Giebelrosetten geschmückt, wohl das schönste und das Neue Tor (um 1450), das schlichteste. Die **Marienkirche** (1298), ein bedeutendes Werk der Backsteingotik, dient heute als Konzertsaal (Neubrandenburger Philharmonie). In der neuromanischen katholischen Kirche **St. Joseph** (1907) betreibt der Verein Latücht ein Kulturzentrum. In der **Johanniskirche** (um 1350) fanden im Wendeherbst 1989 Friedensgebete statt, die in großen Demonstrationen endeten. Das einst herzogliche **Schauspielhaus** (1780) ist heute Heimstatt des Kammertheaters.

SCHLOSS BASEDOW

UMGEBUNG VON NEUBRANDENBURG Am westlichen Stadtrand der Landschaftsgarten **Brodaer Teiche** und das **Brodaer Holz** am Tollensesee mit dem Sommerhaus Belvedere in Form eines griechischen Tempels (1823; heute Kulturhaus). **Burg Stargard** (9 km südlich) ist das älteste erhaltene weltliche Bauwerk des Landes (13. Jahrhundert). Das Walpurgisnacht-Spektakel in **Penzlin** (10 km westlich) hat mit echten Hexen wenig zu tun. Allerdings gehörte Mecklenburg im 16./17. Jahrhundert zu den Hochburgen der Hexenverfolgung, das Museum in der Alten Burg dokumentiert dieses düstere Geschichtskapitel (www.penzlin.de). In **Ankershagen** (20 km westlich) verbrachte Heinrich Schliemann seine Kindheit. Das Heinrich-Schliemann-Museum im ehemaligen Pfarrhaus zeigt, wie der Pfarrerssohn das sagenhafte Troja ausgrub (www.schliemann-museum.de).

REUTERSTADT STAVENHAGEN Von der Reuterschule, den Reuter-Festspielen bis zur Reuter-Apotheke: In der Stadt (6000 Einw.) dreht sich alles um Fritz Reuter, den bedeutenden niederdeutschen Dichter (1810–1874).

SEHENSWERT Am sorgfältig sanierten historischen Marktplatz befindet sich im einstigen Rathaus das **Fritz-Reuter-Literaturmuseum** mit einer umfangreichen Sammlung reuterscher Handschriften und einer 13 000 Bände umfassenden niederdeutschen Bibliothek (www.fritz-reuter-literaturmuseum.de). Das restaurierte **Barockschloss** (17./18. Jahrhundert) beherbergt heute die Stadtverwaltung.

UMGEBUNG VON REUTERSTADT STAVENHAGEN In **Ivenack** (5 km nordöstlich) steht mit den bis zu 1200 Jahre alten Ivenacker Eichen eines der bekanntesten Naturdenkmäler des Landes. In **Kittendorf** (8 km südlich) ein Schloss (1848–1853 im gotischen Tudorstil errichtet, heute Nobelhotel) und eine frühgotische Feldsteinkirche mit einer uralten Glocke (1288).

TETEROW Das Tor (9100 Einw.) zur Mecklenburgischen Schweiz, deren Gipfel immerhin bis zu 121 m aufragen, besitzt die schönste Grasrennbahn für Motorräder in Europa.

SEHENSWERT Die gepflegte Altstadt u. a. mit der **Stadtmühle** (restauriertes Fachwerkhaus; Gastronomie), der **Pfarrkirche** St. Peter und Paul (13./15. Jahrhundert), dem **Malchiner Tor** (15. Jahrhundert, Heimatmuseum).

UMGEBUNG VON TETEROW Jeden August pilgern über 4000 Besucher zum ›Klassik open air‹ in den Schlosspark von **Prebberede** (20 km nördlich; www.prebberede.de). **Burg Schlitz** (10 km südlich) ist ein klassizistisches Kleinod aus dem 19. Jahrhundert mit schönem Landschaftspark (heute Hotel).

ROSTOCK UND UMGEBUNG

BAD DOBERAN Die Geschichte der Stadt begann 1171 mit der Gründung eines Zisterzienserklosters (1533 aufgehoben), das bald zu den bedeutendsten in Nordeuropa zählte. Eine zweite Blütezeit erlebte Doberan, als Großherzog Friedrich Franz I. es um 1800 zur Sommerresidenz ausbauen ließ.

SEHENSWERT Das Doberaner **Münster** (1294–1368) zählt zu den bedeutendsten Zeugnissen der norddeutschen Backsteingotik; im Innenraum eine Reihe mittelalterlicher Kunstschätze wie der Hochaltar (um 1310), der Kreuzaltar (um 1368), das Chorgestühl (spätes 14. Jahrhundert) und eine geschnitzte Standmadonna (13. Jahrhundert). Von der ehemaligen **Klosteranlage** sind auch Beinhaus (um 1250), Kornhaus (um 1280), ein Teil der Klostermauer (u. a. das Westtor) und die Ruinen der Kloster- und der Wolfsscheune erhalten. Der Ausbau zur **Residenz** um 1800 erfolgte im klassizistischen Stil. Mittelpunkt ist der Kamp, eine herrliche **Parkanlage** mit dem großherzoglichen Palais (1806–1809), dem Salongebäude (1802) und zwei Chinesischen Pavillons (der Rote von 1809 beherbergt heute eine Galerie für zeitgenössische Kunst, der Weiße von 1815 ein Café). Neben dem Palais das spätbarocke **Logierhaus** (1795), das erste richtige Hotel an der Ostseeküste. Im **Ehm-Welk-Haus** (Dammchaussee 23) gibt es eine kleine Ausstellung über Leben und Werk des Schriftstellers (1884–1966; »Die Heiden von Kummerow«). Das **Stadt- und Bädermuseum** im historischen Möckelhaus dokumentiert die Geschichte des Klosters und des Seebads (Beethovenstr. 8, www.stadt museum.moeckelhaus.de). Die Schmalspurbahn **Molli** dampft seit 1886 täglich durch die Stadt über Heiligendamm nach Kühlungsborn; diverse Angebote, u. a. zehntägige Ehrenlokführer-Ausbildung oder Lokmitfahrten (www.molli-bahn.de).

UMGEBUNG VON BAD DOBERAN

Heiligendamm (7 km nordwestlich) wurde nach Kriegsende mit dem historischen Kurbereich samt 26 alter Villen und 1000 Metern Strand als Kur- und Erholungsstätte für Werktätige erschlossen – jedoch unter weitgehendem Verzicht auf die Pflege der Bausubstanz. Bis 2003 wurden die klassischen weißen Gebäude restauriert, und nun versucht das Grand Hotel Heiligendamm an die exklusiven alten Zeiten anzuknüpfen. Am Strand bei **Nienhagen** (7 km nordöstlich) befindet sich der vom Wind bizarr geformte Gespensterwald. Schöne Wanderungen kann man im **Hütter Wohld** (4 km südlich) und in der **Conventer Niederung** (4 km nördlich) unternehmen.

GRAAL-MÜRITZ Kleines, familienfreundliches Seebad in landschaftlich reizvoller Lage mit breitem Strand und Indoor-Badewelt Aquadrom.

SEHENSWERT Vor den vielen restaurierten Fischerhäuschen liegt die **Seebrücke** (350 m lang). Der **Rhododendronpark** ist mit 4,5 ha und über 2000 Azaleen- und Rhododendronstauden einer der größten Deutschlands.

UMGEBUNG VON GRAAL-MÜRITZ

Südlich das Landschaftsschutzgebiet **Rostocker Heide** (6000 ha), eines der letzten geschlossenen Waldgebiete an der deutschen Küste. Nördlich von Rövershagen der Forst- und Köhlerhof **Wiethagen** (Forstmuseum, Geschichte der Teerschwelerei). Am Südrand das ehemalige Jagdschloss **Gelbensande.**

KÜHLUNGSBORN Der Fremdenverkehr des größten Seebads von Mecklenburg entwickelte sich schon seit 1850 rasant. 1882 soll ein örtlicher Korbmacher hier den ersten Strandkorb geflochten haben. Nach der Wende begann zügig die Modernisierung und der

GRAND HOTEL HEILIGENDAMM

Ausbau der touristischen Einrichtungen. Heute besitzt Kühlungsborn einen Jachthafen mit rund 400 Liegeplätzen.

SEHENSWERT Die fast 4 km lange **Promenade** wurde in Anlehnung an klassische Bäderarchitektur gestaltet. Die meisten der Villen und Pensionen aus der Zeit um 1900 mit ihren typischen Erkern, Giebeln und Balkonen sind wieder restauriert. Im Südosten der Stadt liegt die **Brunshöver Windmühle** (Restaurant).

UMGEBUNG VON KÜHLUNGSBORN Zum Wandern lädt das **Landschaftsschutzgebiet Kühlung** (3 km südlich) ein: eine bewaldete Hügelkette (bis zu 128 m hoch; Ausblicke) mit tief eingeschnittenen Tälern.

RIBNITZ-DAMGARTEN Die ›Bernsteinstadt‹ (16 300 Einw.) ist Tor zur Halbinsel Fischland-Darß-Zingst und zur vorpommerschen Boddenlandschaft. Ribnitz liegt in Mecklenburg, Damgarten in Vorpommern.

SEHENSWERT Im Zentrum von Ribnitz die **Marienkirche** (13. und 18. Jahrhundert) und das ehemalige **Klarissenkloster** (1323 gegründet); aus dessen Gründungszeit steht nur noch die Klosterkirche, in deren Chorsaal mittelalterliche Sakralkunst ausgestellt ist, darunter die berühmten Ribnitzer Madonnen. In einem der Klostergebäude ist das **Deutsche Bernsteinmuseum** untergebracht (www.bernsteinmuseum.info). Interessant ist auch die **Schaumanufaktur** Ostsee-Schmuck im Gewerbegebiet (www.ostseeschmuck.de).

UMGEBUNG VON RIBNITZ-DAMGARTEN Das **Untere Recknitztal** (südöstlich) mit Altarmen, Torfkuhlen und Bachtälern ist ein herrliches Wander- und Wasserwanderrevier; in **Marlow** (15 km südöstlich) gibt es einen großen Vogelpark. Im **Freilichtmuseum Klockenhagen** (5 km westlich) werden drei Jahrhunderte ländlicher Alltagsgeschichte lebendig (www.freilichtmuseum-klockenhagen.de).

ROSTOCK Im 14. und 15. Jahrhundert war Rostock eine der bedeutendsten Hansestädte an der Ostsee. Der Niedergang infolge des Dreißigjährigen Krieges endete erst mit der Industrialisierung Mitte des 19. Jahrhunderts. Die größte Stadt (200 000 Einw.) Mecklenburg-Vorpommerns ist heute auch sein wichtigstes wirtschaftliches und kulturelles Zentrum. Im Rostocker Seehafen genießt die Passagierschifffahrt (Fähren nach Dänemark, Skandinavien und ins Baltikum) große Bedeutung. Die traditionsreiche Werftindustrie steckt dagegen ebenso wie andere Industriesparten in der Krise. Der Frachtverkehr hat sich vom Schock nach der Wende erholt. Einen Boom verzeichnet der Tourismus, auch als Wissenschaftsstandort erlebt Rostock dank der Universität (1419 gegründet, älteste des Ostseeraums) einen Aufschwung.
SEHENSWERT Das **Rathaus** am Neuen Markt entstand um 1270 aus drei Bürgerhäusern, denen eine siebentürmige gotische Schauwand vorgebaut wurde, die ihrerseits im 18. Jahrhundert einen Barockvorbau erhielt. Hinter dem Rathaus das schöne **Kerkhoffhaus** (1470). Ein Ensemble historischer Giebel schmückt die **Wokrenter Straße,** aber fast alle sind aus anderen Teilen der Altstadt hierher verpflanzt worden; nur die Nr. 40, das spätgotische Hausbaumhaus, ist ein Original aus der Hansezeit; in der Nr. 27 die gemütlich-nostalgische Kneipe Zur Kogge. Der um 1230 begonnene Bau der **Marienkirche** stürzte 1398 in sich zusammen und wurde durch eine kreuzförmige Basilika ersetzt (bis 1452); Highlight der Innenausstattung ist die Astronomische Uhr (1472); außerdem Bronzetaufe (1290), Rochusaltar (um 1530) und Barockorgel (1770). Reste der **Stadtmauer** mit eingefügten Wiekhäusern sind in den Wallanlagen (südwestlich der Altstadt) erhalten. Von den einst 22 Stadttoren stehen noch vier: Kuhtor (vor 1262), Steintor (1270/1577), Mönchentor (1806 umgebaut) und das Kröpeliner Tor (13./14. Jahrhundert; Museum), von dem sich die Shopping-Meile Kröpeliner Straße bis zum Rathaus hinzieht; ihr Mittelpunkt ist der Universitätsplatz mit Uni-Hauptgebäude (1867–1870), ehemaligem Großherzoglichen Palais (1714, Konzerte), Blücher-Denkmal und Brunnen der Lebensfreude (1980). Der **IGA-Park,** entstanden zur Internationalen Gartenbauausstellung 2003, bietet Erholung und Veranstaltungen (www.iga-park-rostock.de). Im Kloster zum Heiligen Kreuz (1270 gegründet) ist das **Kulturhistorische Museum** mit bedeutender Kunstsammlung verschiedener Epochen untergebracht (Klosterhof). Die **Kunsthalle** zeigt hauptsächlich deutsche Kunst des 20. Jahrhunderts, u. a. den Nachlass des Malers Otto Niemeyer-Holstein (Hamburger Str. 40). Im Kröpeliner Tor informiert eine stadtgeschichtliche Ausstellung. Das **Schiffbau- und Schifffahrtsmuseum** illustriert die Schifffahrtsgeschichte im Ostseeraum (auf dem Traditionsschiff, IGA-Park, Liegeplatz Schmarl).

WARNEMÜNDE Rostocks Seebad an der Warnowmündung präsentiert sich als boomende Touristenhochburg von maritimer Vielfalt: langer, breiter Sandstrand, Jachthafen, Passagierkai für Kreuzfahrtschiffe, Ausgangspunkt für Rundfahrten durch die Rostocker Häfen und für Fahrten aufs Meer. Und auch die Südsee ist ganz nah: im Spaß- und Erlebnisbad Samoa.
SEHENSWERT Die **Seepromenade** zieht sich von der 541 m ins Meer hinausragenden Westmole bis zu den naturgeschützten Steilufern am westlichen Stadtrand. Das **Kurhaus** (1914–1926) im Bauhausstil wird längst vom 19-stöckigen Hotel Neptun (1971) überragt. Am **Alten Strom**, der Flaniermeile neben dem Jachthafen, geht es trubelig zu. Vor der Mole die Warnemünder Wahrzeichen: der **Leuchtturm** (1898; 31 m) mit Aussichtsgalerie und der **Teepott,** ein elegant geschwungener Betonbau von 1968 (Restaurant, Veranstaltungen). Das Leben der Seeleute und Fischer zeigt das **Heimatmuseum** in einer ehemaligen Fischerkate (Alexandrinenstr. 30).

BERNSTEIN MIT EINSCHLUSS

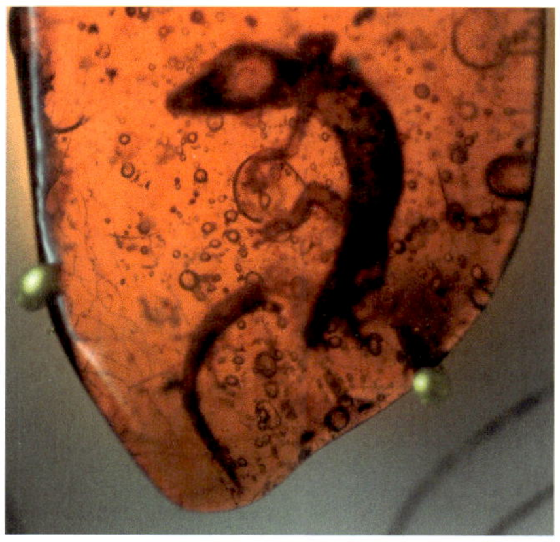

VON FISCHLAND BIS RÜGEN

AHRENSHOOP Die ehemalige Künstlerkolonie besitzt als beliebtes Seebad ein besonderes Flair.
SEHENSWERT Schönes **Ortsbild** mit vielen reetgedeckten Fischerhäusern (geschnitzte Türen). Kunst im Kunstkaten (1909; Strandweg 1), im Neuen Kunsthaus (Bernhard-Seitz-Weg 3a), in der Bunten Stube (1929; Dorfstr. 24) und weiteren Galerien. Die **Schifferkirche** (1951) wurde einem umgedrehten Schiffsrumpf nachempfunden.

BARTH Das alte Hafen- und Handwerkerstädtchen und Tor zur Boddenlandschaft hat auch als Urlaubsort an Bedeutung gewonnen.
SEHENSWERT Der alte **Stadtkern** ist schön saniert worden. Überragt wird er vom 87 m hohen Backsteinturm der gotischen **Marienkirche** (14. Jahrhundert; u. a. Buchholzorgel von 1821). Von der ehemaligen Stadtmauer steht nur noch das **Dammtor** (14. Jahrhundert).

UMGEBUNG VON BARTH Im verträumten Fischerdorf **Bodstedt** (7 km westlich) rüsten sich im September die historischen Zeesboote zur Regatta.

BERGEN Die über 800 Jahre alte Kreisstadt (14 000 Einw.) ist Rügens Verwaltungs- und Geschäftszentrum.
SEHENSWERT Die **Marienkirche** (Beginn um 1180, Ausbau im 14. Jahrhundert) ist der älteste Backsteinbau Rügens; im Klosterhof dahinter befindet sich das **Stadtmuseum.** Am Marktplatz steht das **Benedix-Haus** (1538), ältestes Fachwerkhaus der Insel. Auf dem Rugard, einem bewaldeten Höhenzug (bis 90 m), steht der **Ernst-Moritz-Arndt-Turm** (27 m) mit weitem Blick über die Insel.

UMGEBUNG VON BERGEN In **Ralswiek** (8 km nördlich) ist das Neorenaissanceschloss (1894, Hotel) des schwedischen Grafen Douglas zu besichtigen. **Störtebeker-Festspiele** auf der Ralswieker Naturbühne (www.stoertebeker.de).

BINZ Das größte Seebad auf Rügen liegt an einer schönen Bucht mit feinem Sandstrand.
SEHENSWERT An der Strandpromenade hat man die Villen und Hotels im Stil der **Bäderarchitektur** saniert. Historisches dokumentiert das **Binz-Museum** (Bahnhofstr. 54).

UMGEBUNG VON BINZ Auf dem Tempelberg (107 m) ließ sich Wilhelm Malte I. 1836 **Jagdschloss Granitz** (2,5 km südlich, Jagdmuseum) errichten, eine Vierflügelanlage mit zinnenbekrönten Ecktürmen. Den 38 m hohen Turm (Aussichtsplattform) entwarf Karl Friedrich Schinkel. Klassische Bäderarchitektur prägt das Seebad **Sellin** (7 km südöstlich; Erlebnisbad Nemo).

HIDDDENSEE Das autofreie Eiland, dessen berühmtester Bewohner Gerhart Hauptmann war, gehört mit Ausnahme der Ortschaften zum Nationalpark Vorpommersche Boddenlandschaft.
SEHENSWERT **Kloster,** das seinen Namen von einer längst vergessenen Zisterzienserabtei hat, ist das kulturelle Zentrum der Insel; hier in der alten Seenotstation am südlichen Ortsrand das **Heimatmuseum** (u. a. Kopie des Hiddenseer Goldschmucks, einer Wikingerarbeit aus dem 10. Jahrhundert), das **Gerhart-Hauptmann-Haus** (Haus Seedorn) und eine alte Backsteinkirche (14. Jahrhundert) mit Friedhof (Hauptmann-Grab). Größter Inselort ist **Vitte** mit der Blauen Scheune, der letzten Rauchkate auf Hiddensee. Das Fischernest **Neuendorf** steht wegen seines von weiß getünchten Reetdachhäusern geprägten Ortsbildes unter Denkmalschutz. Im **Dornbusch** an der Nordspitze kann man durch reizvolle Natur wandern und genießt vom Leuchtturm (1888, 28 m) einen weiten Ausblick. Das Vogelschutzgebiet **Gellen** an der Südspitze ist nicht zugänglich.

PREROW Die Seebäder Prerow und Zingst sind vom Nationalparkgebiet eingeschlossen und werden besonders wegen ihres langen feinsandigen Strandes und ihrer Kinderfreundlichkeit geschätzt.
SEHENSWERT Die von Prerower Kapitänen gestifteteten Votivschiffe machen die **Seemannskirche** (1728) bemerkenswert. In der Waldstraße das **Darß-Heimat-Museum.** In Zingst **Heimatmuseum** (Strandstraße).

UMGEBUNG VON PREROW Nordwestlich erstrecken sich Teile des **Nationalparks Vorpommersche Boddenlandschaft** mit Darßer Ort an der Landspitze (Leuchtturm 35 m, 1848; Aussichtsplattform, im ehemaligen Wärterhaus ein Natureum des Deutschen Meeresmuseums). Auch **Zingst** ist Ausgangspunkt für Wanderungen ins Nationalparkgebiet.

PUTBUS Europas letzte planmäßig angelegte Residenzstadt und Rügens erstes Seebad glänzt wieder als klassizistisches Kleinod.
SEHENSWERT Herz der Stadtanlage ist der **Zirkus**, ein runder Platz, im Mittelpunkt ein Obelisk und außen ein Ring von 16 weißen klassizistischen Häusern. Im **Schlosspark,** bis 1825 als englischer Landschaftsgarten angelegt, Orangerie und Marstall (beide 1824; heute Kulturräume), Schlosskirche (1846, Umbau 1892) und Mausoleum (1867) sowie im Affenhaus ein Puppen- und Spielzeugmuseum. Das **Theater** (1821) ist das einzige auf Rügen. Der Dampfzug **Rasender Roland** verbindet Putbus mit Binz, Sellin, Baabe und Göhren.

SASSNITZ Das Tor zum Nationalpark Jasmund (10 500 Einw.) und zu den Kreidefelsen hat als Seebad und Fährhafen Tradition.
SEHENSWERT Oberhalb der Promenade liegt das Altstadtviertel mit Villen im Stil der **Bäderarchitektur.** Im Stadthafen das **Fischerei- und Hafenmuseum** mit Museumsschiff und das **Museum für Unterwasserarchäologie.**

UMGEBUNG VON SASSNITZ Die Kreidefelsen Königsstuhl, Wissower Klinken u. a. gehören zum **Nationalpark Jasmund** (www.nationalpark-jasmund.de). In **Putgarten** (30 km nordwestlich) der historische Rügenhof mit kunsthandwerklichen Werkstätten und Kulturangebot; nordwestlich davon (1 km) **Kap Arkona** mit drei Leuchttürmen (1827, 1902 und 1927).

STRALSUND Die Siedlung am Strelasund erhielt 1234 Stadtrecht, etablierte sich als Zwischenhandelsplatz und gehörte 1293 zu den Gründungsmitgliedern der Hanse. Nach der napoleonischen Besatzungszeit fiel die Stadt 1815 an Preußen und konnte trotz regen Handels nicht an ihre frühere Bedeutung anknüpfen. Mit der Eröffnung des Rügendamms 1936 profitierte die Stadt verstärkt vom Tourismus auf der Ostseeinsel. Zu DDR-Zeiten Ausbau der Industrie. Die Volkswerft Stralsund beschäftigte 1989 rund 8000 Mitarbeiter, heute nur noch etwa 1000. Dafür hat die moderne Werft der Stadt ein neues Wahrzeichen geschenkt: die Schiffbauhalle. Aufwendig saniert wurde das bauliche Erbe der Blütezeiten – mit Erfolg, wie die Aufnahme der Altstadt in das UNESCO-Welterbe zeigt.
SEHENSWERT Der **Alte Markt** mit Perlen der Backsteingotik: **Rathaus** (um 1370; Renaissancetreppe von 1579, Ausbau im 17. Jahrhundert), **Wulflamhaus** (um 1350) und **Nikolaikirche** (13./14. Jahrhundert; Barockhaube des Südturms, 103 m, von 1667); aus der Barockzeit das **Commandanten-Hus** (1749). In den umliegenden Straßen bedeutende **Giebelhäuser** (u. a. Scheelehaus von 1350, Kampischer Hof aus dem 14. Jahrhundert und Haus der **Schiffercompagnie** von 1488, heute Restaurant). Von den zehn **Stadttoren** existieren nur noch Kniepertor (15. Jahrhundert) und Kütertor (1446). Die **Marienkirche** (1384 bis 1478; von der ursprünglich reichen Ausstattung ist wenig erhalten, u. a. eine Stellwagen-Orgel von 1659; toller Blick vom 104 m hohen Turm) ist die größte Stralsunder Pfarrkirche. Das **Kulturhistorische Museum** verteilt sich auf Katharinenkloster (Mönchstr. 25; Archäologie und Stadtgeschichte), Marinemuseum (Sternschanze Dänholm), Museumsspeicher (Böttcherstr. 23; Spielzeug, Volkskunde) und Museumshaus (Mönchstr. 38; Wohnkultur). Auch das **Deutsche Meeresmuseum** mit u. a. einem Meeresaquarium mit 46 Becken ist im Katharinenkloster zu finden (www.meeresmuseum.de). Highlights des 2008 eröffneten **Ozeaneum** sind ein Fischschwarmbecken, eine Walausstellung, ein Tunnelaquarium und ein Gezeitenbecken (www.ozeaneum.de).

KATENAUS IN AHRENSHOOP

VON USEDOM BIS UCKERMARK

AHLBECK Das größte der drei Kaiserbäder, die entlang der 8 km langen Uferpromenade ineinander übergehen.
SEHENSWERT Die türmchenverzierte **Seebrücke** (1898 eröffnet, 280 m lang) ist die einzige erhaltene historische auf Usedom. An der Promenade herrliche **Villen und Hotelbauten** (u. a. die um 1900 erbaute Villa Auguste Viktoria), eine Jugendstiluhr (1911) und der Konzertpavillon (1900).

UMGEBUNG VON AHLBECK Mit Bäderarchitektur an der Promenade schließen sich westlich das noble **Heringsdorf** und das kleinere **Bansin** an. In der neoklassizistischen Villa Irmgard in Heringsdorf eine Gedenkstätte für den russischen Dichter Maxim Gorki, der 1922 hier wohnte. Im Südwesten der naturgeschützte, nur 1,5 m tiefe **Gothensee.**

ANKLAM Die Hansestadt ist vor allem als Geburtsstadt von Otto Lilienthal bekannt.
SEHENSWERT Aus der Hansezeit blieben das 32 m hohe **Steintor,** eines der schönsten Stadttore des Landes (um 1250, 1450 aufgestockt), und die wuchtige **Marienkirche** (13. bis 16. Jahrhundert; gotische Fresken aus dem 14. Jahrhundert) erhalten. Größte Attraktion ist das **Otto-Lilienthal-Museum** (Ellbogenstr. 1, www.lilienthal-museum.de). Im Steintor das **Museum zur Regionalgeschichte.**

GREIFSWALD Die Siedlung neben dem 1199 gestifteten Zisterzienserkloster Eldena erhielt 1250 Stadtrecht und entwickelte sich bald zur blühenden Hansestadt. Die Universität geht auf das Jahr 1456 zurück.
SEHENSWERT Nach der Altstadtsanierung präsentiert sich der denkmalgeschützte **Marktplatz,** u. a. mit den gotischen Backsteingiebelhäusern Nr. 11 (15. Jahrhundert, feingliedriges Maßwerk) und Nr. 13 (um 1300; traditionelle Hausbrauerei) und dem Rathaus (14. Jahrhundert, Barockgiebel von 1724) wieder eindrucksvoll. Die drei monumentalen Backsteinkirchen wurden alle 1280 erstmals erwähnt: **St. Marien** (13./14. Jahrhundert) mit spätgotischen Fresken und einer geschnitzten Renaissancekanzel von 1587, der **Dom St. Nikolai** (13.–15. Jahrhundert) mit seiner barocken Turmhaube von 1653, spätgotischen Fresken und dem Gemälde »Sieben Greifswalder Professoren in Anbetung Mariens« von 1460 sowie **St. Jakobi** (13./14. Jahrhundert). Barockes Hauptgebäude (1747–1750) der **Universität** mit einer beeindruckenden Aula. An der Ryckmündung verbindet eine hölzerne Klappbrücke (1886) die Stadtteile **Wieck,** ein ehemaliges Fischerdorf mit schönen Reetdachhäusern (Museumshafen mit Schiffsoldtimern), und **Eldena.** Die weitläufige Ruine der ehemaligen **Abtei** (1199–1533) wurde von Caspar David Friedrich gemalt. Im **Pommerschen Landesmuseum** (Rakower Str. 9) Exponate zur Erd- und Landesgeschichte und Gemälde u. a. von Caspar David Friedrich und Philipp Otto Runge.

UECKERMÜNDE In dem alten Hafen- und Handwerkerstädtchen sorgte neben der Eisen- im 19. und 20. Jahrhundert eine bedeutende Ziegelindustrie für wirtschaftliches Gedeihen – der letzte Ziegelofen ging 1997 aus.
SEHENSWERT Der geschlossene **Altstadtkern** mit vielen alten Bürgerhäusern und dem kleinen Stadthafen wurde hübsch saniert. Im Renaissanceschloss (1546) das heimatkundliche **Haffmuseum.**

USEDOM Das Städtchen war einst Residenz der wendischen Fürsten.
SEHENSWERT Die spätgotische **Marienkirche** (14./15. und 19. Jahrhundert) und das **Anklamer Tor** (um 1450; Heimatmuseum).

UMGEBUNG VON USEDOM In **Mellenthin** (8 km nordöstlich) ein Wasserschloss im Renaissancestil (1580). Bei **Karnin** (5 km südwestlich) die Eisenbahnhubbrücke von 1934, damals die modernste Europas; im Ort ein typischer Bahnhof (um 1900).

WOLGAST Das Tor zur Insel Usedom. Im 12. Jahrhundert aus slawischen und deutschen Siedlungen entstanden, war Wolgast 1295–1625 Residenz der Herzöge von Pommern-Wolgast.
SEHENSWERT Die Backsteinbasilika **St. Petri** (spätes 14. Jahrhundert) wurde nach einem Brand bis 1728 erneuert; sie birgt die Gruft der Pommernherzöge, einen Messingepitaph im Stil der italienischen Renaissance (1560) und den 22-teiligen Bilderzyklus »Totentanz« (um 1700). Ein typisches Zeugnis norddeutscher Backsteingotik ist auch die Gertrudenkapelle (spätes 14. Jahrhundert). In der Burgstraße **Bürgerhäuser** aus dem 18. Jahrhundert; das im 15. Jahrhundert begonnene **Rathaus** erhielt bis 1724 seine heutige barocke Form. In einem ehemaligen Kornspeicher aus dem 17. Jahrhundert das **Stadtmuseum Kaffeemühle** mit Handwerkerstuben (Rathausplatz 6, www.museum.wolgast.de). **Runge-Museum** im Geburtshaus des Malers (Kronwiekstr. 45). Im **Museumshafen** an der Schlossinsel ist u. a. das Eisenbahn-Dampffährschiff Stralsund (im Einsatz 1890–1990) sehenswert.

UMGEBUNG VON ZINNOWITZ In **Mölschow** (5 km westlich) ein Kulturhof (Kunsthandwerk, landwirtschaftliches Schaugelände). Im Seebad **Koserow** (6 km östlich) stehen neben der Seebrücke alte Salzhütten, in denen Salz zur Fischkonservierung gelagert wurde. In **Lüttenort** (4 km östlich) das Gedenkatelier des poetischen Malers Otto Niemeyer-Holstein (1896–1984).

WISSENSWERTES

DATEN UND FAKTEN

LANDESNATUR Bundesland im äußeren Nordosten Deutschlands (23172 km²), im Norden durch die Ostsee und im Osten durch Stettiner Haff und Odertal (Staatsgrenze zu Polen) begrenzt. Im Westen und Süden verlaufen die Landesgrenzen zu Schleswig-Holstein, Niedersachsen und Brandenburg überwiegend durch offene Seenlandschaft. Das Land ist in seiner Oberflächengestalt eiszeitlichen Ursprungs und Bestandteil der Norddeutschen Tiefebene. Die Ostseeküste (insgesamt 1712 km) ist, trotz einiger langer Steilufer, durch seichte Nehrungen und Buchten gekennzeichnet. Hinter der vorgelagerten Halbinsel Fischland-Darß-Zingst bilden sie eine einzigartige Boddenlandschaft. Rügen (926 km²), größte deutsche Insel, besitzt mit der Kreideküste ein herausragendes Naturdenkmal. Hinter der Küste schließen sich bewaldete Niederungen, sanftwelliges Hügelland und eine ausgedehnte Seenplatte an. Größter der über 1000 Seen ist die Müritz (117 km²); wichtige Flüsse sind Elbe, Elde, Warnow, Peene, Recknitz und Trebel. Die drei Nationalparks (Müritz, Vorpommersche Boddenlandschaft, Jasmund) und mehr als 300 Naturschutzgebiete bedecken zusammen etwa 33 % der Landesfläche.

BEVÖLKERUNG Mecklenburg-Vorpommern zählt etwa 1680000 Einwohner, fast 300000 weniger als 1989. Mit 73 Einw./km² ist es das am dünnsten besiedelte Bundesland.

WIRTSCHAFT UND TOURISMUS Zu DDR-Zeiten spielten produzierendes Gewerbe (vor allem Schiffbau) und Landwirtschaft eine zentrale Rolle. Heute macht die Landwirtschaft nur noch 5 % aus, gut 20 % Produktion und 70 % die Dienstleistungen. Dank der renommierten Universitäten in Rostock und Greifswald erfolgten in den letzten Jahren viele Ansiedlungen im Bereich Zukunftstechnologien, vor allem in der Bio- und Medizintechnologie. Größtes Potenzial hat aber der Tourismus.

GESCHICHTE

2.–5. JAHRHUNDERT Die lange sesshaften germanischen Stämme wandern gen Süden ab.

6. JAHRHUNDERT Slawen (Wenden) besiedeln das Land zwischen Elbe und Oder.

995 Erste Erwähnung der ›Michelenburg‹ im heutigen Dorf Mecklenburg.

1147–1167 Heinrich der Löwe unterwirft die Wenden. Deren Fürsten behalten Land und Stellung als Lehensleute des Kaisers.

12./13. JAHRHUNDERT Handwerker, Kaufleute und Bauern aus dem Westen siedeln sich an.

14. JAHRHUNDERT Rostock, Wismar, Stralsund und Greifswald werden als Mitglieder der Hanse zu blühenden Handelsstädten.

1419 Gründung der Universität in Rostock.

1535 Pommern wird protestantisch, 1549 gefolgt von Mecklenburg.

1618–1648 Der Dreißigjährige Krieg findet auch auf dem Boden Mecklenburg-Vorpommerns statt: Vorpommern und Wismar werden schwedisch.

1654 Gesetzliche Einführung der Leibeigenschaft in Mecklenburg.

1669 Die Hanse tagt zum letzten Mal.

1701 Mecklenburg wird in die Herzogtümer Mecklenburg-Schwerin und Mecklenburg-Strelitz geteilt (bis 1934).

1720 Vorpommern südlich und östlich der Peene kommt an Preußen.

1793 Einrichtung des ersten deutschen Seebads in Heiligendamm.

1806–1820 Aufhebung der Leibeigenschaft in Schwedisch-Pommern 1806, 1807 in Preußen, 1820 in Mecklenburg.

1813–1815 Befreiungskriege gegen Napoleon. Auf dem Wiener Kongress erhält Preußen ganz Pommern, die mecklenburgischen Herzogtümer werden Großherzogtümer.

1848/1849 Die bürgerliche Revolution führt zur Wahl eines Parlaments und zu einer liberalen Verfassung (beides 1850 wieder aufgehoben).

1851 Auf der Rostocker Neptunwerft läuft der erste eiserne Schraubendampfer Deutschlands vom Stapel.

1918 Die Novemberrevolution beendet die Adelsherrschaft, die beiden Mecklenburgs werden Freistaaten mit demokratischer Verfassung.

1933–1945 Mecklenburg und Vorpommern entwicklen sich zu wichtigen Rüstungsstandorten.

1945 Die Rote Armee besetzt das Land. Das östliche Pommern fällt an Polen. Das Land Mecklenburg-Vorpommern wird gegründet, Industrie und Großgrundbesitz werden enteignet.

1949 Gründung der DDR.

1951–1961 Überführung der bäuerlichen Betriebe in Landwirtschaftliche Produktionsgenossenschaften (LPGs).

1952 Eine Verwaltungsreform löst die Länder auf und gliedert sie in Bezirke, aus Mecklenburg-Vorpommern gehen die Bezirke Rostock, Schwerin und Neubrandenburg hervor.

1961 Schließung der Westgrenze.

1990 Auflösung der DDR und Aufnahme in die Bundesrepublik. Neugründung des Landes Mecklenburg-Vorpommern.

2002 Aufnahme der historischen Altstädte von Stralsund und Wismar in die Liste der UNESCO-Weltkulturerbe.

2004 Einrichtung der europäischen Route der Backsteingotik.

2007 G-8-Gipfel in Heiligendamm. Eröffnung der neuen Rügenbrücke über den Strelasund.

2008 Einführung der Waldaktie, innerhalb von zwei Jahren werden acht Klimawälder eingerichtet.

2009 Bundesgartenschau in Schwerin.

REGISTER

A
Ahlbeck 121, **126,** 131, 156
Ahrenshoop 99, **100,** 154, **155**
Alleen **10/11, 143**
Alt Schwerin 148
Altentreptow 150
Ankershagen 65, 151
Anklam **140/141,** 156

B
Backstein(gotik) **90, 91,** 91
Bad Doberan 86, **87, 90,** 152
Badekarren 24
Bäderarchitektur **8, 92**
Bansin 131, 156
Barlach, Ernst 60, 61, 76, 77, 150
Bartelmann, Wilhelm 92
Barth 154
Basedow 151
Bergen 154
Bernstein 81, 110, **153,** 153
Binz **16/17, 118/119, 120,** 154
Bobzin 148
Bodstedt 100, 154
Bollewick 149
Boltenhagen 24, 146
Brodaer Holz 151
Brodaer Teiche 151
Burg Schlitz **78/79,** 151
Burg Stargard **58,** 151

C/D
Conventer Niederung 152
Damerower Werder 44, 149
Daniel, Georg 28
Dargun 150
Darß **96,** 99, **110/111**
Demmin 150
Demmler, Georg Adolph 31
Deutsche Alleenstraße 10, 41, 151
Dömitz 146
Dornbusch 101, 154

E
Elbe 26, 146
Eldena **139,** 156
Europäische Route der Backsteingotik 91
Europäischer Fernwanderweg E10 62
Everstorfer Forst 146

F
FC Hansa Rostock 86
Feldberg 148
Feldberger Seenlandschaft 148
Fische 45, 47, **131,** 150
Fischland 99
Fleesensee **43,** 43
Fontane, Theodor 42
Friedrich, Caspar David 102, 129, 139
Friedrich Franz I., Herzog von Mecklenburg-Schwerin 26, 86
Friedrich Franz II., Großherzog 31

G
Gelbensande 152
Gellen 154
Giebelhäuser **74, 85,** 85, **90,** 90, 91, 106, **107**
Göhren **121**
Göhren-Lebbin 43, 148
Gothensee 156
Graal-Müritz 152
Graf von Bothmer 24
Granitz, Jagdschloss **116/117,** 154
Granzow 148
Greifswald **128,** 129, **136, 137, 139,** 156
Groß Raden **64,** 150
Güstrow **60,** 61, **74, 75, 77,** 77, **150,** 150, **159**
Gut Dalwitz **62,** 62

H
Hanse Sail 81, 84, 85
Hauptmann, Gerhart 101
Haus Seedorn **101,** 101, 154
Heiligendamm **84,** 86, **152,** 152
Heinrich der Löwe 23, 30, 64
Heringsdorf 121, **130,** 131, **142,** 156
Herzog Ulrich 74
Hiddensee, Insel **18/19, 101,** 154
Huch, Ricarda 83
Hütter Wohld 152
Humboldt, Wilhelm von 86

I/J
Ivenack 151
Jabel 149

K
Kalkhorst 146
Kap Arkona 102, 155
Karnin 156
Kirchdorf 146
Kittendorf 151
Klink 149
Klockenhagen **94/95,** 153
Kloster 154
Klütz 146
Königsstuhl 102
Koserow 130, **142,** 156
Krakow am See 150
Kraniche 51, **122, 123,** 122–125, **125**
Kreide 115
Kreidefelsen **14/15, 114**
Kuchelmiß 150
Kühlungsborn **92,** 152
Kussow 146

L
Landschaftsschutzgebiet Kühlung 152
Laube, Heinrich 102
Lenné, Peter Joseph 7, 55, 151
Lilienthal, Otto 141, 156
Ludorf 149
Ludwiglust 26, **34/35, 36,** 146
Lübz 148
Lüttenort 156
Luise von Mecklenburg-Strelitz 47

M
Malchin **70, 71,** 150
Malchow 148
Marlow 153
Mecklenburgische Seenplatte 42, 149
Mellenthin 156
Middelhagen **112**
Mirow 148
Molli 86, 152
Mölschow 156
Mönchgut 113
Müller-Kaempf, Paul 99
Müritz **38,** 39, 41, 42, **45**
Müritz-Elde-Wasserstraße 43, **52,** 146, 149
Müritz-Havel-Wasserstraße 43
Müther, Ulrich 17

N/O
Nationalpark Jasmund **14/15,** 102, **103, 114,** 155
Nationalpark Müritz 44, **48/49, 50, 51,** 51
Nationalpark Vorpommersche Boddenlandschaft 99, 154
Naturpark Mecklenburgisches Elbetal 26
Naturpark Nossentiner/Schwinzer Heide 148
Neubrandenburg **12/13,** 59, **66, 67, 68, 69,** 151
Neuendorf 154
Neuklostersee **6**
Neustadt-Glewe 146
Neustrelitz **46,** 47, **148,** 148
Niemeyer-Holstein, Otto 156
Nienhagen 152
Niklot, Obotritenfürst **30**

P
Parchim 146
Parks und Gärten **54, 55,** 54–57, **57**
Parr, Christoph 75
Peene 150
Peenemünde 132, **133**
Penzlin 151
Pferde 26, 63
Plau am See **52,** 149
Plauer See 42, **53**
Poel, Insel 25, 146
Prebberede 151
Prerow 154
Putbus 102, **103,** 154
Putgarten 155

R
Ralswiek **113,** 154
Rasender Roland 102, 154
Rechlin 148
Recknitztal 62, 153
Redefin 26, 146
Rerik 24, 25, 146
Retzow 149
Reuter, Fritz 24
Reuterstadt Stavenhagen 151
Ribnitz-Damgarten 152
Röbel/Müritz 39, **40,** 41, 149
Rostock 83, **85, 90, 91,** 91, 153
Rostocker Heide 152
Rügen, Insel 102, **103**
Rügener Kreidemännchen **115**
Rüterberg 25

S
Sassnitz **120,** 155
Schaalsee 26, **27**
Schinkel, Karl Friedrich 102, 154
Schliemann, Heinrich **63,** 63
Schloss Basedow **54, 57, 151,** 151
Schloss Blücher 44
Schloss Bothmer **25,** 146
Schloss Hohenzieritz 47, 56
Schloss Kaarz 55
Schloss Marihn 23
Schnitzler, Arthur 149
Schwarzer Busch 146
Schweingartensee **48/49**
Schwerin **20,** 21, 23, **24, 28/29, 30, 31,** 31, **37,** 44, 146, 147
Seebäder **8/9,** 24, 127, 130
Seebrücken **120, 121,** 121, **126,** 131, 152
Sellin **98, 120,** 121
Slawen 45, 64, 65
Sparow 148
Speck, Dorf 47
Sternberg 150
Stralsund 101, **104/105, 106, 107, 108, 109,** 155
Strandkorb 92, **93**
Stüler, Friedrich August 55

T
Tessin 62
Teterow 151
Timmendorf 146

U/V
Ueckermünde 156
Usedom 130, 156
Vineta 132
Vitte 154

W
Wandern 71, 153, 154
Wandschneider, Wilhelm 149
Waren/Müritz 41, **42, 149,** 149
Warnemünde **80,** 83, 84, 85, **88/89,** 153
Wassersport 43, 53, 72, 146, 150, 153
Weltzin 150
Wiek **134/135**
Wiekhäuser **66**
Wiethagen 152
Wilhelm I., Kaiser **130**
Wilhelm II., Kaiser 131
Wilhelm Malte I., Fürst zu Putbus 102, 154
Wisente 44, **45,** 149
Wismar **22,** 23, **32, 33, 147,** 147
Wissower Klinken 102
Wittenburg 147
Wolgast 156
Wredenhagen 149
Wustrow, Halbinsel 25

Z
Zeesbootregatta 100
Zingst 154
Zinnowitz 132

Fette Ziffern verweisen auf Abbildungen

FLÜGELALTER DER MARIENKIRCHE IN GÜSTROW

IMPRESSUM

KONZEPT, GESTALTUNG, BILDREDAKTION
Grubbe Media GmbH I agenten.und.freunde, München

ART DIRECTION
Iris Streck, München

TEXTE
Oliver Gerhard, Wolfgang Schmidt

PREPRESS
PPP, Pre Print Partner GmbH & Co KG, Köln

EXKLUSIVFOTOGRAFIE
Martin Kirchner / DuMont Bildarchiv

WEITERES BILDMATERIAL
Fotolia / fothoss: S. 43
Gerhard: S. 14/15, 16/17, 54, 55, 57, 96/97, 98, 112, 113, 114, 115, 116/117, 118/119, 120 o., 120 u. l., 120 u. r., 121, 131, 143
Getty Images / Lukasseck: S. 10/11
Hahn: S. 4 l., 133, 140/141, 142 u.
Huber / von Dachsberg: S. 20/21
iStockphoto / hsvrs: S. 30 u. r.; jferrer: S. 123; Juhla: S. 31; tacmont: S. 125 o. l.
Laif / Babovic: S. 5 o., 24; Chavakis: S. 62; Kirchner: S. 27, 101
Look / age fotostock: S. 92, 103 u.; Boettcher: S. 66; Dressler: S. 6, 8/9; Herzig: S. 138; Kreuzer: S. 5 u. r., 84; TerraVista: S. 18/19, 142 o.; Wohner: S. 52, 53; Wothe: S. 51; Zielske: S. 87
Mauritius / age: S. 125 u. Mitte; Blume: S. 36 u.; Curtis: S. 139; imagebroker / Bömsch: S. 87; imagebroker / fotosol: S. 33, 88/89, 94/95, 106 o., 106 u., 136, 137; imagebroker / Gerhard: S. 103 o.; imagebroker / Handl: S. 5 u. l., 104/105; imagebroker / Heine: S. 110/111; imagebroker / Hollweck: S. 42, 128; imagebroker / Kraft: S. 93; imagebroker / Kramer: S. 109; imagebroker / Leuzinger: S. 130; imagebroker / Otto: S. 4 r., 38/39, 78/79, 80/81; imagebroker / Schöfmann: S. 22, 103 o.; imagebroker / Schmies: S. 100; imagebroker / Steiner: S. 34/35; imagebroker / Wrba: S. 90 o., 90 u. l., 90 u. Mitte, 90 u. r., 91; Krüger: S. 30 o., 32 o., 46, 72/73, 107; Lehner: S. 63; Mader: S. 120 u. Mitte; Mayer: S. 77; Nordic Photos: S. 125 u. r.; Westend61: S. 108 u.; Wittek: S. 122
picture alliance / Eibner: S. 50 u. r.; Euroluftbild: S. 48/49; Frischmuth: S. 24, 28/29, 50 u. l., 50 u. Mitte, 75, 148, 149, 151, 159; Johaentges: S. 50 o.; Kalaene: S. 12/13; Kirchner: S. 150; Lubenow: S. 32 u., 147, 152, 155; Wiedl: S. 58/59, 68, 69; Wüstneck: S. 45 o., 70, 76, 77
Schapowalow / Huber: S. 134/135
Visum / Euroluftbild: S. 71

TITELBILD I SCHUTZUMSCHLAG
Vorderseite: Usedom, **laif** / Berthold Steinhilber
Rückseite: Müritz bei Röbel, **laif** / Martin Kirchner

1. Auflage 2011

www.dumontreise.de

Printed in Germany

ISBN 978-3-7701-8903-8